Wir Menschen und unsere Grenzen

PLAKATIV VER-DICHTETES VOM SCHNEEGANTER

Im Gedenken an Hermann Berger,
der mich in mein drittes Leben geführt hat.

Die deutsche Bibliothek – CIP-Einheitsaufnahme

WIR MENSCHEN UND UNSERE GRENZEN
VER-DICHTETES VOM SCHNEEGANTER

Herstellung: Libri Books on Demand
ISBN: 3-89811-315-9

Titelbild: George von Brockdorff
Layout und Gestaltung: Sebastian Albert
© 2000 Friedrich Hemme

Inhalt:

Politisches

Menschsein

Wirtschaftliches

Vorwort

Den größten Teil meines Lebens habe ich unter dem Einfluss von Doktrinen verbracht. Neben dem Nationalsozialismus zähle ich auch den Militärdienst im Krieg und die Marktwirtschaft mit ihrem kriegsähnlichen Konkurrenzkampf dazu. Begeisterung, Pflichtgefühl und Existenzangst haben mein Denken bestimmt. Erst nach der Pensionierung mit ihrer ungewohnten Freiheit von allen gewohnten Zwängen habe ich mit eigenständigem Denken begonnen und einen Extrakt daraus aufgeschrieben. Das Buch soll allen, denen es ähnlich ergangen ist oder geht, eine Anregung geben es auch einmal zu versuchen.

Wer das tut, wird auf die dem Menschen gesetzten Grenzen stoßen und sich gerade deshalb über den Sinn oder Unsinn unseres Tuns seine eigenen Gedanken machen. Er gehört dann zu den mitdenkenden Menschen, die unsere Erde braucht, um ein einzigartiger Planet zu bleiben.

Hilfreiche Patentrezepte wird es wohl nie geben, aber mit vernetzten Denken möglichst vieler Bürger sollte sich mehr zum Guten bewegen lassen, als mit Jammern.

Die Versform habe ich gewählt, weil dabei Sachverhalte extrem konzentriert angesprochen werden können.

Allen, die mir mit Rat und Kritik geholfen haben, ganz besonders dem Philosophischen Zirkel Borstei, gilt mein Dank, sowie George von Brockdorff für die Fotoarbeiten, Sebastian Albert für Gestaltung/ Layout und Martin Beesk für Korrekturlesen.

F.H.

Gedanken aus dem Januskopf

Meine Gedanken erscheinen widersprüchlich:
Dem ersten - denke positiv, dann bist du glücklich -
steht ein zweiter gegenüber:
Die Aussicht in die Zukunft wird nun ständig trüber.

Wenn wir am zweiten etwas ändern wollen,
ist den Perspektiven mehr Respekt zu zollen.
Der Denkende ist dann vor die Frage gestellt,
ob sich die Erde noch lange am Leben erhält.

Ich sehe, wie wir mit Schönfärben
lebenswerte Zukunft verderben.
Menschliches Unvermögen triumphiert,
besseres Wissen wird negiert.

Genau dieses gilt es anzusprechen,
um Denkbarrieren aufzubrechen.
Regierende zu tieferer Einsicht bringen,
das kann nur die Öffentlichkeit erzwingen,
denn wer weiter in die Zukunft blickt,
steht schnell in einem Gegenwartskonflikt.

Die Produkte meiner kleinen Kreativität,
sollen helfen, dass Denken leichter geht.
Schieflagen sollten wir früher erkennen
und Verschwiegenes beim Namen nennen.

Ich baue weiter auf den menschlichen Geist,
auch wenn der heute ins Verhängnis weist
und hoffe, dass der Leser dieses ähnlich sieht
und mit mir am gleichen Strange zieht.

Philosophie

Sie sucht Antworten auf offene Fragen,
wer sie stellt, muss eigenes Denken wagen,
denn wo es mehrere Antworten gibt,
man sich im Philosophieren übt.

Drei Grundfragen will sie ausloten,
um das Menschsein zu entknoten:

Was können wir wissen?
Für Forscher ein Leckerbissen.
Was sollen wir tun?
Diese Frage ist für jeden opportun.
Was dürfen wir hoffen?
Die Welt steht dafür offen.

Auch wenn wir nie zu Endgültigem kommen,
werden wir vom Denken gefangen genommen.
Mit der beglückenden Fähigkeit zu staunen,
auf uns selbst zu vertrauen ohne Launen,
entsteht eine Bereitschaft schlechthin,
zu suchen nach Ursachen und Sinn.

Sie will keine Wissensgebäude errichten,
auch nicht Wissen auf Wissen schichten.
Wo Dogmen das Denken blockieren,
kann sie ebenfalls nicht existieren.

Mit dem Verstand wird alles gemessen,
ungewiss die Zukunft indessen.
Weltzusammenhänge sie erklärt,
Weltanschauung ist ihr nichts wert,
weil dort alles seine Plätze hat.
Das aber setzt Philosophen matt.

Sie ist von der Liebe zur Weisheit beseelt,
hat deshalb totale Denkfreiheit erwählt.
Sie sucht ewig nach Erkenntnis unseres Wesens
aus den irdischen Erscheinungen des Lebens.

Konflikte

Theologie und Philosophie
sind Denkformen höchster Kategorie.
Sie kämpften von Beginn an mit Konflikten,
wobei sie in verschiedene Richtungen blickten.

Die eine will Rechtgläubigkeit vorschreiben,
muss die Beweise dafür aber schuldig bleiben.
Sie bald mit fanatischen Emotionen anfing,
weil es um nicht Beweisbares ging.
Die Affinität zur weltlichen Macht
hat ihr weitere Konflikte gebracht.

Das gilt für die Philosophie nicht,
ihr geht es um erkennende Sicht.
Sie ist die Kunst der Debatte,
wie sie Sokrates erfunden hatte.

Sie versucht das Sein zu erklären
und muss Konflikte gebären,
weil jeder auf seine Weise denkt
und anderem weniger Beachtung schenkt.
Auch ist keiner vor dem Irren gefeit,
der Wurzel von konflikt-trächtigem Streit.

Die Unterscheidung des Guten vom Bösen
ist für uns Menschen wohl nicht zu lösen.
Auch auf vollkommenes Wissen
werden Erkenntnissucher verzichten müssen.

Im naturwissenschaftlichen Vorgehen
werden derartige Konflikte kaum entstehen.
Nur wenn es um hypothetische Deutungen geht,
entstehen Probleme philosophischer Qualität.

Dann kann Wissenschaft in manchen Fällen
für das, was in der Natur passiert,
Wissen über Fakten bereitstellen,
wovon die Philosophie profitiert.

Unsicherheit

Vom Ursprung der Ethik gibt es kein Wissen,
sondern nur zwei gegensätzliche Prämissen:
Man vermutet ihn im Transzendenten
oder in vernunftgestützten Argumenten.

Besteht ein höheres Prinzip,
das außerhalb der Vernunft liegt?
Oder wird Ethik von einer Gruppe geprägt,
die Verantwortung für das Wohl aller trägt?

Das führt sogleich zur nächsten Frage;
Wie begannen des Menschen Tage?
Entweder wurde er von Gott geschaffen
oder er entwickelte sich aus den Affen.

Damit setzt sich die Unsicherheit fort:
Gilt Glaube oder wissenschaftliches Wort?
Gibt es einen Imperativ zum Seinsollen
oder ein unabhängiges irdisches Wollen?

Das alles passt für die Praxis nicht,
man sich mehr von der Wissenschaft verspricht.
Die hält täglich neue Fakten bereit,
zur Verringerung von Unsicherheit.

So wird um notwendige Veränderungen
 täglich mit Vernunft gerungen.
Aber der Mensch braucht Mythen,
die ihm Hoffnung und Gewissheit bieten.
Die Wissenschaft hält das nicht ab,
ihr Bereich endet am Grab.

Sie vermittelt Einsicht von allen Seiten,
um uns auf dem irdischen Weg zu begleiten.
Über das Danach bleibt alles offen,
unsicher sind Vermutung und Hoffen.

Dialog

Tauscht man Fakten und Meinungen reziprok,
ist das Erkenntnisfindung per Dialog.
Vorausgesetzt sind kühler Kopf und guter Wille
und Zeit in angemessener Fülle.
So ist im Team der Dialog das Essenzielle,
er überwindet manche Stolperschwelle.

Im Dialog gesprochene Gedanken
sich gegenseitig stets umranken,
denn das ist zuverlässig offenbart:
Jeder Mensch denkt auf verschied'ne Art.

Im Parlament sind Dialoge Mangelware,
hier bläst man die politische Fanfare.
Es gilt die eigenen Ziele durchzusetzen
und auch populistisch zu schwätzen.

Wer nicht bereit ist Altgewohntes abzulegen,
ist nicht fähig einen Dialog zu pflegen.
Mit dem ist Übereinkunft schwerer zu erzielen,
denn er neigt dazu den Gegner auszuspielen.

Wir sollten es besonders schätzen,
wenn Intelligenzen sich im Dialog vernetzen.
Dafür müssen wir uns neu formieren,
um bisher Ungedachtem nachzuspüren.

Diese Kunst ist sicher schwer zu lernen,
denn die Ich-Barriere gilt es zu entfernen.
In der Praxis existiert deshalb dies Übel,
Geist ist mit Geist nur selten kompatibel.

Leider können wir nur davon träumen
diese Sperre aus dem Weg zu räumen.
Wenn uns dieses nur gelänge,
kämen wir heraus aus geistiger Enge.
Dann würde unsere Einsicht explodieren
und uns zu unbekannten Ufern führen.

Widerspruch

Er ist bei Autoritäten verpönt,
die sind an Folgsamkeit gewöhnt.
Er bringt Gewohntes oft zu Fall,
wir erleben es im Alltag überall.

Ein Chef, der alles besser weiß,
fährt auf einem gefährlichem Gleis.
Da geht mit unterdrücktem Widerspruch
wertvolles Potenzial zu Bruch.
Hat er Leute mit eigenwilligen Ideen,
werden sie sich nach anderem umsehen.

Mit einem Widerspruch
beginnt jeder Versuch
Grenzen zu überschreiten
und Erkenntnis auszuweiten,
denn er hat eine inhärente,
kreative Komponente.

Wird eine Erkenntnis widerlegt,
man sich auf Neues zu bewegt.
Dass auch dem droht Widerspruch,
ist des Erkenntnissuchers Fluch.
Es geht ihm wie dem Sisyphos:
sein Schicksal lässt ihn nie mehr los.

Widerspruch ist ein differenziertes Gut,
dessen Güte auf klugem Denken beruht:
Er begrenzt und motiviert,
sich auch im Misserfolg verliert.
In politischer Dialektik wurde er missbraucht,
als man dunkelrotes in die Köpfe gestaucht.

Erfolgt er um seiner selbst willen,
wird er sich nie im Guten erfüllen.
Hier gilt es deutlich zu widersprechen,
um mit jedem Nihilismus zu brechen.

Objektivität

Wenn es einmal hoch hergeht,
ertönt der Ruf nach Objektivität.
Man möge sich mit Fakten befassen
und von seinen Illusionen lassen.

Da jede Wirkung habe ihre Ursache,
bleibe besser jeder bei seinem Fache.
So komme man zu wahrer Wirklichkeit,
dabei sei Kausalität ein sicheres Geleit.

Die Aufklärung brachte sie auf die Reise,
die Grundlage dieser Denkungsweise,
als die Physik es machte klar:
Im Prinzip ist alles berechenbar.

Unglaublich Neues hat uns jetzt erreicht,
hat alte Erkenntnis gründlich aufgeweicht:
Die Physiker haben Theorien aufgestellt,
nach denen viel Absolutes entfällt.

Das wurde experimentell exakt bestätigt,
Wahrscheinlichkeit hat Gewißheit beschädigt.
Hinter lange vernachlässigten Nebeneffekten
sich fundamentale Einsichten versteckten.

Objektiv beobachten ist eine Illusion,
immer stört die beobachtende Person,
die zudem ihre eigenen Vorstellungen hat.
Objektivität gerät so zu gemischtem Salat.
Den Wissenschaften ist der Boden entzogen,
sie haben sich unwissentlich selbst betrogen.

Deshalb brauchen wir neue Philosophien,
für Außenwelt, Geist oder Denkkategorien.

Es wird Zeit, dass man sich darum kümmert,
denn die Physik hat eine Basis zertrümmert.
Die Wirklichkeit erscheint als geistiges Produkt,
was so manche Autorität noch nicht schluckt.

Konstruktivismus

Der Inbegriff des Seienden ist Wirklichkeit,
die Philosophen suchen sie seit langer Zeit.
Raum und Zeit werden individuell erlebt,
die Wirklichkeit unserem Zugriff entschwebt.
Folglich jeder Mensch mit seiner Elle misst,
was dann seine Wirklichkeit ist.

Die Rolle der Kommunikation ist zentral,
denn sie ist entscheidend für die Wahl
der Informationen aus vielen Revieren,
aus denen wir Wirklichkeit konstruieren.
Diese gründet sich also sehr bestimmt,
auf dem, was jeder selbst wahrnimmt.

Das ist der Ansatz der Konstruktivisten,
den die Philosophen vor Kant vermissten.

Dieser Prozess ist überaus kompliziert,
weil Denken Wahrnehmungen modifiziert.
Das aber macht Erkennen zum Problem,
denn auch das Hirn ist ein NL-System3.
Bei diesem zeigt sich mathematisch klar,
sein Verhalten ist unvorhersagbar.

Objektivität ist uns damit versagt,
dafür ist Denken mehr gefragt.
So haben wir Naturgesetze erfunden
und damit Verantwortung an uns gebunden.

Wir brauchen die koordinierte Wirklichkeit,
akzeptiert von jedermann weltweit:
Wenn Konsens über eine Sache besteht,
gewinnt Vorstellung reale Qualität.

Bis wir wieder neu konstruieren
und Wirklichkeit interpretieren!

Kant-Hegel-Marx

Die Vernunft war bei Kant
für den Fortschritt der Garant.
Sie ist a priori darauf ausgelegt,
dass sie stets zum Höheren strebt.
Dem Sein gibt's nichts hinzuzufügen,
Phänomene müssen genügen.

Hegel auf den Spuren der Historik
folgte einer anderen Logik:
Er wagte den Denkversuch,
dass aus These und Widerspruch
Neues, also eine Synthese entsteht,
die in eine neue These übergeht.

Den Vorgang nannte Hegel Dialektik,
auf Kants Lehre die idealistische Replik.
Keine Grenzen gibt es für den Geist,
wie der dialektische Prozess beweist.

Marx hat diesen Gedanken zwar ergriffen,
nur seine Axiome uns verblüffen:
Er hat den Geist mit der Welt permutiert
und darauf seine Lehre konstruiert:

Einmal vom Kapitalismus befreit
und dann von der KP diktatorisch „betreut",
werden die Menschen gut, edel und frei. -
Hegels Dialektik trägt wesentlich dazu bei.

Marx hatte sich ein ideales Ziel gesetzt,
nur den Menschen falsch eingeschätzt.
Das menschliche Wesen ist so fest gefügt,
dass es menschlichem Druck nicht unterliegt.
Es ist infolgedessen nie in ein Schema zu pressen.

Die Geschichte hat die Antithese geschrieben,
die Synthese ist bis jetzt noch ausgeblieben.
Ist sie noch im Ideengeflecht verborgen?
Dann müssten wir uns um Hegel nicht sorgen.

Vernunft und Wille

Kant und vor ihm griechische Geistesriesen
haben der Vernunft Grenzen zugewiesen.
Unser emotionsgeladener Wille
ist für die Vernunft eine bittere Pille.

Wenn der die Vernunft überwindet,
dies in unvernünftige Bahnen mündet,
Das wird durch die Triebe bewiesen,
die uns öfter das Leben vermiesen.
Wenn ich mit Unvernunft kam zu Freuden,
endete das meist in quälendem Leiden.

Es gibt zwar noch Glauben und Ethik,
auch gegen diese sündigen wir stetig.
Da zeigt sich, was letztlich uns steuert:
Erst Leiden zu besserem Wollen anfeuert.

Damit lässt sich Willen häufig sogar drillen.

Aber der Verstand birgt Möglichkeiten,
die Basis der Vernunft noch auszuweiten.
Beim Menschen verarbeitet der Verstand
Sinnesreize und Erfahrung kurzerhand.
So kann Vernunft Verlangen stillen,
wirkt beschränkend auf den Willen.

Leben mit Vernunft allein
hielte unsere Psyche klein.
Bedeutendes ist immer dann entstanden,
wenn sich Wille und Vernunft verbanden.

Beide geben sich eigenständig.
Sind sie dazu noch quicklebendig
und dem gleichen Ziel verschrieben,
ist ein Erfolg nur selten ausgeblieben.

Erkenntnissuche und die Frauen

Adam hat sich anfangs sehr allein gefühlt,
niemand und keine haben mit ihm gespielt.
Der Mangel wurde schnell behoben,
er zahlte mit 'nem Rippenbogen.

Erkenntnis war ihm von oben verwehrt,
allerdings hat das nur Eva gestört.
Sie hat sich lieb an ihn geschmiegt
und ihn irgendwie herumgekriegt.
Die Folgen sind nicht ausgeblieben,
sie wurden aus dem Paradies vertrieben.

Auf ewig ist der Adam nun dazu verdammt,
dass seine Suche nach Erkenntnis nie erlahmt.
Er muss sich zwanghaft ohne Pause schinden
und weiß, nie wird er sie vollständig finden.

So hat er Strafe zur Kultur gemacht,
hat das Leben philosophisch streng bedacht.
Da wurde der Zwang eine Art von Vergnügen.
Die Frauen waren weniger dazu zu kriegen.

So blieb die Philosophie ein Männerrevier. -
Vielleicht waren die Frauen deshalb nicht dafür,
weil sie wenig Sinn darin finden,
Unerreichbares zu ergründen.

Sie vermeiden eher abstrakte Gedankengänge
und ergründen lieber psychische Zusammenhänge.

Ursächliches

Das haben wir alle in der Schule gelernt,
Wirkung ist von Ursache nicht weit entfernt.
Dieses Prinzip, über Jahrhunderte betont,
bleibt jetzt von Einschränkung nicht verschont.

Schalter EIN, schon brennt das Licht,
nur ohne Strom geschieht das nicht.
Wenn es dann nur leise klickt,
man irritiert ins Dunkle blickt.
Hier hat man nur ein Teilsystem betrachtet
und auf Nebenwirkung nicht geachtet.

Eine Ursache kann Unterschiedliches erzwingen,
muss sie mit verschiedenen Umständen ringen:
Ein Schulterschlag in vergnügter Runde
vermittelt eine völlig andere Kunde,
als derselbe in einem heftigen Streit,
verleitend zu unwürdiger Tätlichkeit.

Aus Wirkung wird neue Ursache,
so entsteht das irdische Mannigfache.

Deshalb die Ermittlungen von Ursachen
den Zweck der Wissenschaft ausmachen.
Die hat zwar Zusammenhänge erkannt,
aber sich in ihren Theorien auch verrannt.
Mag unser Wissen noch so glänzen,
es stößt eben immer auf Grenzen.

Wir können nicht alle Ursachen erfassen,
müssen vieles einem anderen überlassen.
Man nennt es Gottes Wille oder Zufall,
beschränkte Einsicht und auch Schicksal.

Die Grundfrage wurde schon früh gestellt,
wie es sich mit der Ur-Ursache verhält:
Thales sah den Weltbeginn im Wasser,
heute sehen wir es krasser:
Am Anfang war der große Knall. -
Und dessen Ursache verliert sich im All.

Kreativität

Schöpfung ist ein Begriff der Religion,
Kunst und Wissenschaft nennen es Intuition.
Kreativität ist ein Begriff aus unserer Zeit,
entstanden aus vielfältiger Notwendigkeit.

Sie ist von Normen abweichendes Denken,
ohne sich in Illusionen zu versenken.
Ihr wesentliches Element ist Flexibilität,
die sich in unerwarteten Ideen verrät.

Kreativität ist nicht zu lehren oder zu lernen,
ebenso wenig gedeiht sie in öden Kasernen.
Anpassungsdruck ist ein tödliches Klima für sie,
Sie muss unbehindert wirken, die Phantasie.

Der Kreative ist unbefangen, stellt viel in Frage,
seine Ideen empfindet mancher als Plage,
Er wird das Wesentliche vom Rest unterscheiden,
und ist um seine Kombinationen zu beneiden.

Der Mann auf der Straße beklagt den Konflikt,
der Kreative denkt nach und löst ihn geschickt.
Er gibt nicht auf nach einer Niederlage,
kämpft weiter ohne Jammer und Klage.

Wer sich selbst als kreativ entdeckt,
staunt über die Kraft, die in ihm steckt.
Sie bewahrt vor depressiver Grübelei
und hilft uns aus grauem Einerlei:

Vorwärts streben und bewahren,
sich als Teil der Natur erfahren,
Vernunft mit Gefühl verbinden
hilft zu sich selbst zu finden.

Wenn wir nur etwas Kreativität erwecken,
werden wir viel Neues in der Welt entdecken,
unser Leben zielbewusster einrichten,
und auf Zeitvertreib verzichten.

Gelassenheit

Wir nehmen sie nur selten wahr,
denn Gelassenheit ist ziemlich rar.
Ist einer träge oder unentschlossen
hat er sich von ihr ausgeschlossen.

Mit Geduld und Selbstvertrauen
auf das irdische Geschehen schauen,
und ein Selbst, das in sich ruht,
das alles tut der Gelassenheit gut.

Selbstüberschätzung und Arroganz
zerstören ihre empfindliche Substanz.
Auch Charaktereigenschaften
können sich lähmend an sie haften.
Sie steht auf einem scharfer Grat,
jeder Fehltritt seine Folgen hat.

Mir scheint, sie ist nicht stark genug,
kommt sie mit Gefühlen in Bezug,
denn sind starke Gefühle im Spiel,
wird ihre Wirkungskraft fragil.

Ließe sich Gelassenheit besser etablieren,
würde man das Unbewusste anrühren?
Ist etwa Meditatives ein Antagonist,
wenn ihr Emotionelles im Wege ist?

Ob sich etwas im Transzendenten verbirgt,
was stärkend auf die Gelassenheit wirkt?
Was ihre Kräfte auch immer vermehrt,
es ist zweifellos bedenkenswert.

Denn mit Gelassenheit in der Politik
fände mehr Weisheit in diese zurück.
Auch im täglichen Hin und Her
haben wir mit ihr vom Leben mehr.

Hoffnung

Unser Denken will sich bewähren
und das Sein vollständig erklären.
Doch die Zukunft bleibt immer offen,
hier gibt es nur Vertrauen und Hoffen.

Viele auf höhere Mächte vertrauen,
wenn sie planend in die Zukunft schauen.
Sie schöpfen daraus ihre Zuversicht,
mit Hoffnungen begnügen sie sich nicht.

Für andere ist die Hoffnung in uns
der stützende Träger unseres Tuns.
Wenn wir schier Unmögliches wagen,
werden wir von der Hoffnung getragen,
dass uns dieses doch schließlich gelingt
worauf ein Erfolgserlebnis winkt.

Selbst wenn wir nichts Rettendes sehen,
bleibt ein Fünkchen Hoffnung bestehen,
denn wer jede Hoffnung verloren hat,
ist seines weiteren Lebens satt.

Nur wenn er neue Hoffnung gewinnt,
er dem sicheren Tod entrinnt.

Ohne Bewusstsein gibt es kein Hoffen,
bei Tieren wird es nicht angetroffen.
Es stärkt unsere Durchsetzungskraft,
was uns große Vorteile verschafft.

So kann sich der Wille besser entfalten,
wird er von der Hoffnung gehalten,
die, obwohl sie zuweilen trügt,
fast unerschütterlich in uns liegt.

Zufall

Unerwartetes im Lebenslauf
fassen wir als Zufall auf.

Bei Würfelspiel und Lotterie
führt Wahrscheinlichkeit Regie.
Tritt er völlig unerwartet ein,
wird das Kausale verborgen sein.
Für Gläubige ist er Gottes Entschluss,
den man unwissend akzeptieren muss.

Haben zwei sich verliebt,
ist das für sie vom Schicksal gefügt.
Was Zufall war wird eben sublimiert,
wenn Emotion sich potenziert.

Spielt der Zufall eine Rolle im Gehirn?
Wird er uns zu neuen Ideen führ'n?
In der Evolution spielt er jedenfalls mit
als Ursache für einen weiteren Schritt.

Der absolute Zufall war eine Fiktion
bis zur Weltbild-Revolution,
denn bei den mikro-kleinen Teilchen
musste man die Kausalität streichen.
Hier ist der Zufall vollkommen,
nichts ist seiner Mystik genommen.

Im Zufall steckt auf jeden Fall
ein hohes Überraschungspotenzial.
Ob er Gutes oder Schlechtes bringt,
er immer Randbedingungen überspringt.

Dann werden Schockierte gelähmt
oder Pessimisten beschämt.
Der vitale Mensch entdeckt, obwohl verdutzt,
wie er ihn zu seinem Besten nutzt.

Wissenschaften

Ihre Welt schien felsenfest gefügt,
doch zeigt sich, dieses Bildnis trügt,
denn sie bekommt nun unerwartet Sprünge,
neues Wissen schlägt mit scharfer Klinge.

Jetzt erleben wir die Folgen eines Grossen,
von Physikern erkennend angestoßen.
Sie durchdrangen das All und das ganz Kleine
und kommen damit allmählich ins Reine.

Sinnlich gestützte Anschauung versagt,
wenn Geist sich ins Extreme wagt.
Dann verlieren Raum, Kausalität und Zeit
ihre vermeintlich unbedingte Gültigkeit.
Auch die Zone des Komplexen
ist mit Abstraktionen zu besetzen.

Wenn die Wechselwirkung solcher Systeme
mit linearen Formeln zurechtkäme,
könnten wir unser Wissen erweitern,
würden wir nicht am Zeitbedarf scheitern.
Anfangsbedingungen sind nicht zu vergessen,
leider lassen sich die nie genau messen!

Handelt es sich um rückgekoppelte Systeme,
erzeugen sie eindeutig kreative Phänomene.
Verbunden mit Optimierungsprozessen
ist ihnen Selbstorganisation zuzumessen!
Die wird durch die Umgebung kanalisiert,
was die Strukturwissenschaft interessiert.

Bei biologischem oder sozialem Geschehen,
 ist sie als Organismus-Wissenschaft anzusehen.
Ihr öffnet sich ein weites unbeackertes Feld,
doch Grenzsteine sind dort schon aufgestellt.

Die Wissenschaft brachte dies exakt zu Tage,
für die Philosophie ist es keine neue Lage.
Um Chaos und Nichtlinearität es sich erhellt,
sie sind wohl die Quellen der Vielfalt unserer Welt.

Mensch und Computer

Der Computer hilft den Menschen immer mehr,
täglich kommt er mit neuen Fähigkeiten daher.
Er hat schon den Ersten im Schach besiegt,
ob einmal sein Können über dem unseren liegt?

Von Algorithmen geleitet
er erstaunlich vielseitig arbeitet:
Verstecktes Wissen schnell finden,
und mit anderen Daten verbinden,
komplexe Systeme berechnen in kurzer Zeit. -
Hier verblasst des Menschen Herrlichkeit.

In rückgekoppelten Systemen
erzeugt er natürliche Schemen:
Schneeflocken und Bäume werden konstruiert,
gewissermaßen algebraisch kreiert.

Gibt es aber keinen Algorithmus,
kontrollierend den Datenfluss,
dann bietet das menschliche Hirn
dem Computer leicht die Stirn:

Handschriften lesen oder Sprachen übersetzen
ohne deren Aussagen zu verletzen.
Wesentliches erkennen, um den Rest zu meiden,
bei Unvorhersehbarem schnell entscheiden. -

Unser Gehirn leistet weit mehr als wir wissen,
aber es lässt uns auch Fähigkeiten vermissen,
die wesentliche Stärken des Computers sind,
mit denen der Mensch mehr Weitsicht gewinnt.

Das Gehirn wird von ihm nicht entthront,
weil im Computer kein Weltwissen wohnt.
Seine eigenen Wege zu gehen ist ihm versagt,
weil er Ergebnisse nicht weit genug hinterfragt.
Er würde im Absurden blind entgleisen,
nur der Mensch kann ihm die Wege weisen.

Informationsflut

Es wäre dem Denken wohl schlecht bekommen,
hätten wir die absolute Erkenntnis gewonnen.
Wurde sie uns anfangs deshalb verwehrt,
vom Cherub mit seinem feurigen Schwert?

Denn wer im Paradiese wohnt,
für den sich das Denken nicht lohnt.
Wer alles weiß und alles hat,
der setzt seinen Denkapparat matt.

Das Denken ist uns also geblieben,
und wird sorgfältig aufgeschrieben.
So erschaufelten Generationen
einen gewaltigen Berg aus Informationen.

Es werden immer mehr zusammengetragen,
dennoch steigt ständig die Zahl der Fragen.
Jetzt wir uns diese stellen müssen:
Wie wird aus Information Wissen?

Die ist chaotisch gespeichert,
was den Bürger nicht bereichert.
Die Surfergesellschaft treibt in einem Meer
ungeordneter Informationen umher.

Das allerdings ist ein offenes Problem,
denn dazu braucht man ein besonderes System,
das nicht logisch ableitbare Zusammenhänge
auf der Basis von Weltwissen großer Menge
erkennt und nach letztem Wissen bewertet.

Hier scheitern Maschinen und Reim,
Einsicht findet nur der Mensch allein!

Was wir nicht in Algorithmen kriegen,
müssen wir schon selbst erledigen!
In dieser Hinsicht ist das Internet dumm,
wir kommen nie um eigenes Denken herum.

Nicht-triviale Maschinen

Mit dem, was man triviale Maschinen nennt,
man mit der Ursache auch die Wirkung kennt.
Sie bearbeiten Dinge oder Daten,
über das Ergebnis gibt es kein Raten.
Wirkt aber dieses auf ihre Funktion zurück,
dann ist's, als säße ihr ein Schalk im Genick:

Damit entzieht sie sich stetem Gedankenfluss
denn mit jedem Algorithmus ist Schluss.
Auf diese Weise ist ihr Charakter verdorben,
sie ist eine nicht-triviale Maschine geworden.

Glaubt nicht, solche Maschinen gäbe es kaum,
in der Praxis zerstört sich ein solcher Traum,
schon weil sich jede Maschine verschleißt,
was auf nicht-triviales Verhalten hinweist:

Sie verändern damit ihre Eigenschaft,
nun arbeiten sie anders, also mangelhaft.
Der helfende Fachmann wird dafür bezahlt,
dass er restauriert ihre triviale Gestalt.

Wetter, Umwelt, Volkswirtschaften
haben nicht-triviale Eigenschaften:
Obwohl ihr Mechanismus ist normal-kausal,
verhalten sie sich trotzdem irrational,
denn uns ist ihr Algorithmus nicht klar,
also ihr Verhalten unvorhersagbar.

Haben wir mehr Respekt vor solchen Systemen,
wenn wir sie verändernd in Anspruch nehmen,
denn wenn wir lange genug zu warten,
werden sie einmal unerwartet entarten.

Ob man die gesetzten Schäden je behebt,
diese Frage außerdem im Ungewissen schwebt.
Mehr Behutsamkeit ist also dringend angebracht,
NT-Maschinen reagieren anders, als gedacht.

Reduktionismus

Er wird von dem Gedanken beseelt,
dass alle Phänomene dieser Welt
auf materiellen Prozessen basieren
und erklärbar sind durch reduzieren.
Sogar uns sei damit auf die Spur zu kommen,
würden wir genügend auseinander genommen.

Seit Descartes steht der Erfolg an seiner Seite,
das Wissen ging zunehmend in die Breite.
Mit Spezialisierung half man sich weiter,
nähert man sich nun dem Ende der Leiter?

Man vergeblich nach dem letzten Wissen hascht,
die Philosophen sind davon nicht überrascht.
Dem Wissen über die menschliche Natur
käme der Reduktionismus nie auf die Spur.

Ihre Gegenspieler aber sehen Möglichkeiten
ihr Wissen durch Vernetzung auszuweiten.
Sie bemühen sich Brücken zu finden,
um lang Getrenntes wieder zu verbinden.
So erhalten alle Fakultäten eine Chance
zu einer impulsgebenden Renaissance.

Die stürmisch forschende Biologie,
Ethik, bisher mit der Umwelt in Disharmonie,
eine noch unsichere Sozialwissenschaft
und eine Umweltpolitik bislang ohne Kraft.

Diese vier Bereiche zusammenfinden müssen,
will man mehr über den Menschen wissen,

Darin steckt bestimmt noch neues Potenzial,
doch nicht-lineare Prozesse finden sich überall.
Der Reduktionismus kommt auf diesem Wege
wahrscheinlich mit sich selbst ins Gehege.
Zwischenfakultative Abhängigkeiten
werden ihm noch Schwierigkeiten bereiten.

Das Patentrezept

Wir haben so viel verbessert bis heute,
nur das Verhalten der heutigen Leute
ist seit langem unverändert geblieben.
Hoffnungen auf Änderung sind abgeschrieben.
Die korrigierende Evolution scheint erstarrt.
Kümmert sie sich noch um unsere Art?

Schon jetzt ersetzen wir unerwünschte Gene
und nehmen Erbkrankheiten ihre Domäne.
Bei kranken Pflanzen oder Tieren
können wir eher zu viel reparieren.

Die natürliche Auslese könnten wir auch erledigen,
die Gentechnik wird schon nichts beschädigen.
Wenn es nur an unserem Können läge,
befänden wir uns auf dem besten Wege
den Charakter gentechnisch zu modifizieren,
um schlechte Eigenschaften zu eliminieren.

Mephisto lockt uns mit Patentrezepten,
verweigern wir uns also als seine Adepten,
denn wir würden das Menschtum verlieren,
ließen wir uns von ihm verführen.

Lässt sich das mit Moral unterdrücken?
Unsere Ethik zeigt doch erhebliche Lücken.
Sie wird den Gefahren der Zeit nicht gerecht,
was sich über kurz oder lang einmal rächt.

Wir würden schließlich im Fortschritt scheitern,
wenn wir die Ethik nicht auf die Natur erweitern.

Eine mit solcher Ethik gestützte Politik
hielte uns Menschen davor zurück,
sich ihren faustischen Traum zu erfüllen:
Evolution nach unserem freien Willen.

Ob es der Menschheit wie einst Faust ergeht?
Um ihre Rettung es vermutlich schlechter steht.

Heilkünste

Gesundheit ist den Menschen viel wert,
Heilkundige werden geachtet und geehrt.
Anfangs war ihr Wissen nur unzulänglich,
dafür waren ihnen andere Methoden zugänglich.

Sie ahnten körperlich-seelischen Zusammenhang,
als ihnen mit Mystik und Kräutern vieles gelang.
Beschwörungen, Rituale, Musik und Trance
wirkten auf das menschliche Ganze.
So kam die Heilkunst bald in Priesterhand,
für die Kontakt zu Äskulap bestand.

Später wurde Konzentration notwendig,
denn das Wissen stieg beständig.
Spezialisierung war das erfolgreiche Ideal,
der Mensch aber wurde darüber zum Fall.

Naturheilkunde und Homöopathie,
stützen sich auf eine Ganzheitsphilosophie,
die jeden Menschen als Individuum betrachtet,
und deshalb auf angepasste Therapien achtet.

Die alten Methoden der Chinesen
beachten das menschliche Wesen.
Alle haben den ganzen Menschen im Sinn,
auf Distanz ging aber die Schulmedizin.
So musste sich die Akupunkt- Medizin
lange um Anerkennung bemüh'n.

Zögernd erkennt man die Leib-Seele-Verflechtung,
die entzieht sich freilich jeder Berechnung.
Für ihre Existenz gibt es zwar viele Signale,
unser Denken aber hat die Form einer Spirale,
wenn es um den Kern der Wahrheit rotiert,
ohne dass es ihn jemals berührt.

Die Heilkunst hat anscheinend viele Gesichter,
darum mache sie den Erfolg zum Richter.

Stiefschwestern

Kausales Denken hat es fertiggebracht,
dass die Medizin große Fortschritte macht.
Viel Hinderliches wurde weggeräumt,
vom Sieg über jedes Leiden geträumt.

Dem Körper gilt ihr ganzes Interesse,
die Psyche war für sie keine Adresse.
Erst in jüngerer Zeit wurde endlich erkannt,
dass sich zwischen beiden ein Bogen spannt.

Noch gibt sich die Schulmedizin dogmatisch,
die alternative ist ihr weniger sympatisch,
weil die eine Leib-Seele Kopplung sieht
und daraus eigenwillige Schlüsse zieht.

Sie hat noch keine festen Strukturen
hinterlässt allerdings vielfältige Spuren,
von denen manche zu Besserem führen,
aber andere sich auch im Sande verlieren.

Es gilt die Spreu vom Weizen zu scheiden,
soll der Ruf der Alternativen nicht leiden.
Dazu sollten sich die beiden verbünden,
dann würden mehr Kranke Heilung finden.

Leider liegen sie heute in heftiger Fehde,
und von strikter Abgrenzung ist die Rede.
Dabei verliert die Heilkunst an Potential,
und die Kranken haben die Qual der Wahl.

Auch sollten die Stiefschwestern wissen,
dass beide auf Gewissheit verzichten müssen.
Vollkommenheit ist jeder Wissenschaft versagt,
auch wenn dies den Streitenden nicht behagt.

Buddhistisches

Eins ist Alles und Alles ist Eins,
das ist eine Idee des buddhistischen Seins.
Dies gilt besonders für Körper und Geist,
bewusstes Tun Achtsamkeit heißt.

Das Tun ist darauf auszurichten
sich der Ganzheit zu verpflichten.
Geist und Körper nach ihr trachten,
worauf die Westler weniger achten.

Das Atmen wird als Brücke angesehen,
verbindend Bewusstsein mit Körpergeschehen.

So gehe an jede Aufgabe heran:
Sehe sie als die jetzt wichtigste an,
erledige sie konzentriert und bewusst,
anders wäre es nur Zeitverlust.

An Zukünftiges bei einer Tätigkeit denken
heißt Gegenwart sinnlos verschenken.
Die wird dann von der Zukunft verschlungen,
die Pflege der Achtsamkeit ist misslungen.

Nur die Gegenwart gibt uns Gelegenheit
das Leben zu spüren durch Achtsamkeit.

Wer ständig nach Achtsamkeit strebt,
stets für das Wichtigste lebt:
Für die Zeit, die gerade noch nicht vorüber,
oder für den Menschen mir gerade gegenüber.
Die Fähigkeit jetzt jemand glücklich zu machen
oder wenigstens keinen Schaden verursachen.

Der Philosoph mit Vernunft Erkenntnis sucht,
der Buddhist vermeidet intellektuelle Wucht.
Zusammenhänge er meditativ erhellt,
fühlt sich verbunden mit den Leiden der Welt.

Von der Go-Philosophie

Auf einem Feld ohne jede Struktur
schaffen die Spieler eine einmalige Figur.
Unwichtig sind die einzelnen Steine,
die Stellung aller entscheidet alleine.

Unerschöpflich ist die Zahl der Variationen,
zehn hoch 761 Kombinationen!
Mit solcher Zahl kann niemand etwas anfangen,
ist doch seit dem Urknall erst eine Zeit vergangen
für die zehn hoch 21 Sekunden leicht langen.

Dem Verlierer wird nicht das Leben genommen,
er hat nur weniger als der Sieger bekommen.
Wer nämlich zu viel für sich begehrt,
seine Lage unnötig selbst erschwert.

Er wird gegen Bollwerke blind,
die nie zu bezwingen sind,
und entwickelt damit Schwächen,
die sich im Spielverlauf rächen.

Gute Spieler achten auf das Prinzip
vom ausgeglichenen Nimm und Gib.
Sie pflegen so das Fließgleichgewicht,
seine Störung belohnt den Störer nicht. -

Die taoistische Meinung über die Unmöglichkeit
eindeutiger Aussagen über die Wirklichkeit
tritt auch im GO-Spiel zu Tage:
Jede Partie ist eine einmalige Aussage.

Wir haben es mit einem System zu tun,
dessen Reaktionen im Verborgenen ruh'n.
So ist GO ein Symbol für unsere Welt,
die eigentlich nur Vieldeutiges enthält.

Jedes Ding entsteht und vergeht,
hat sein Prinzip solange es lebt.
Das Wie und Warum ist ein Distrikt,
den kein menschliches Wesen überblickt.

Gleichgewicht

Die Natur hat bisher überlebt,
weil sie Gleichgewicht anstrebt.
Eine Art, die sich zu stark vermehrt,
wird geplagt und ausgezehrt.

Auch für uns gilt dieses Grundgesetz,
schon länger zappeln wir in seinem Netz.
Kriege, Not und sinkende Immunität:
Diese Plagen sind bei uns Realität.

Darin sich die Männer gerne sonnen,
dass ihnen ihre Kraft noch nicht genommen,
doch ihre Spermien kommen
schon zögerlicher angeschwommen.

Auch deren Zahl vermindert sich dramatisch.
Der Mensch kuriert wie meistens symptomatisch,
weil er sich anders nicht zu helfen weiß,
denn Wohlstand fordert seinen Preis.

Die Natur hier eindrucksvoll uns lehrt,
wie sie sich gegen Überlastung wehrt.
Nur lassen wir uns leider nicht belehren,
doch die Natur, die wird sich weiter wehren.

Die Menschheit wächst zu stark,
wir essen chemisch veränderten Quark,
dann machen wir noch zuviel Dreck
und setzen uns darüber hinweg.

Zuviel ist in seiner Balance gestört,
doch kein Mächtiger sich darum schert.
Die Mehrheit will auf nichts verzichten,
da wird sich noch vieles umschichten.

Polarität

Ein Magnet aus zwei Polen besteht,
er ist das Urbild für Polarität.
Zwischen ihnen liegt ein Kräftefeld,
das ein Potenzial enthält.

Zwei gleichnamige Pole stoßen sich ab,
nähern sich verschiedene, macht es klack.
Ein neuer, so zusammengefügt,
mit doppelter Kraft anzieht.

Polarität ist ein Effekt,
der in jedem Gegensatz steckt.
Das Geschehen in deren Kräftefeld
bedingt die Erscheinung dieser Welt.
Ohne Dunkelheit und Licht,
wäre es vorbei mit jeder Sicht.

Die Polarität zwischen dem Du und Ich
spannt sich von selig bis fürchterlich.
Wenn Liebe sich in Hass verwandelt hat,
findet eine Stimmungs-Umpolung statt,
womit unvermeidlich die beiden
heftig voneinander scheiden.

Polarität bedeutet in der Politik
nur im Grenzfall Krieg.
Sie ist die Wurzel der Demokratie
und erst recht die aller Philosophie.

Vom Gegensatz lebt jeder Dialog,
der klärt, wo alte Erkenntnis trog.
Als Mittel einer klugen Diplomatie
bietet er die größte Erfolgsgarantie.

Polarität trennt und verbindet,
zieht an und stößt ab.
Unser Leben sich auf sie gründet,
zwischen Zeugung und Grab.

Vom Hologramm

Kohärentes Licht, auf ein Objekt gerichtet,
das dann über Spiegel eine Platte belichtet,
erzeugt dort Interferenzen der Wellen,
die auf ihr ein Hologramm darstellen.

Jedes Teil vom ihm, und sei es noch so klein,
enthält das ganze Bild, nur nicht so fein.
Umgekehrt das ganze Bild es leicht verwindet,
wenn ein solches kleines Teil verschwindet.

Jedes Teil für sich allein,
kann also nie bedeutend sein.
Je mehr wir aber zusammenfügen,
ein um so schärferes Bild wir kriegen.
Das hat man also herausgefunden:
Jedes Teil ist mit den anderen verbunden.

Ähnliches gilt wohl auch für Gruppen,
nur muss sich dieses noch entpuppen:
In Schwärmen von Bienen oder Fischen
sich die Spuren Einzelner verwischen.
Nach unserem Wissen und Verstand
bilden sie einen holistischen Verband.

Die Gruppe geschlossen entscheidet,
wie sie Unangenehmes vermeidet.
In ihr herrscht ein kollektiver Geist,
was auf Kommunikation hinweist.

Könnte das auch für uns Menschen gelten?
Man möge mich darob nicht schelten,
tragen wir doch meist zu einem Ganzen bei
und sind nur in beschränktem Maße frei.

Also ist ein Teil des Ganzen in uns.
Das beschränkt die Freiheit unseres Tuns,
weil das Ganze auf verborgenen Wegen
wirkt auf individuelles Überlegen.

Faserige Moral

Das wurde kategorisch von Kant geprägt:
Die Moral ist a priori festgelegt.
Marx mehr auf Irdisches verweist:
Moral entwickelt der Menschengeist.

Sie dient jeweiligen Zielen,
erscheint in faserigen Profilen,
gilt nicht immer und überall,
wird moduliert im Einzelfall.

In aller geschichtlichen Zeit
waren Mächtige ohne Skrupel bereit,
in den von ihnen gesetzten Grenzen
Moral zu ändern oder zu ergänzen.

Unmoral, die dem Staate dient,
wird geehrt und nicht gesühnt.

Hier die Entscheidung für des Staates Wohl,
dort die persönliche Moral als Gegenpol.
Um das ist der Politiker nicht zu beneiden,
muss er doch zwischen beiden entscheiden.

Marx hat wohl realistischer als Kant gedacht,
denn was der Mensch seither entfacht,
enthält ein explosives Potenzial,
erfordert neue Qualität in der Moral.

Vielleicht hilft ihre Gliederung in die drei Klassen:
Die erste wird sich mit Persönlichem befassen,
die zweite soll für die Gemeinschaft stehen,
die höchste betrifft das globale Geschehen.

Die Moral der höchsten Klasse
dient dem Erhalt der menschlichen Rasse.
Würden wir die einmal vernichten,
ließe sich leicht auf Moral verzichten.

Ethisches Vakuum

Ethik ist eine anthropozentrische Angelegenheit,
hält Regeln für menschliches Handeln bereit.
Spätfolgen wird sie nicht erfassen,
das ist Vorsehung oder Schicksal überlassen.

Der Fortschritt entwickelte sich gemächlich,
der verursachte Schaden blieb erträglich.
Nun hat er ungeahnte Höhen erklommen,
Unser Wissen hat dramatisch zugenommen.
Das hat uns eine riesige Macht verliehen,
mit ihr ist nichts Gutes gediehen.

Wir richten soviel Schaden an auf Erden,
dass wir die ganze Menschheit gefährden.
Jetzt muss sich auch die Ethik ausweiten,
für Globus und Zukunft Regeln bereiten.
Denn der Mensch ist auf der Erde zu Haus.
Sein Wohl setzt das seiner Umwelt voraus.

Der neue Imperativ für das menschliche Tun
muss unbedingt auf dieser Erkenntnis beruh'n.
Neben Nächstenliebe und Menschlichkeit
tritt der Erhalt unserer Existenz für lange Zeit.

Die Verantwortung vor den nächsten Generationen
ist damit eine unserer wichtigsten Positionen.
Das ist den Völkern nicht ausreichend bewusst,
Politiker fürchten den vermeintlichen Frust
ihnen reinen Wein einzuschenken,
weil sie an ihre Wiederwahl denken.

Kenntnis der Zukunft ist uns verwehrt,
was das ethische Denken erschwert.
Wie können wir beginnendes Unheil erkennen,
um nicht ins Verderben zu rennen?

Hier steht der Druck und dort die Fragen,
ein hinderliches Vakuum ist zu beklagen.
Werden wir je diese Schranken überwinden,
um eine Ethik für uns und den Globus zu finden?

Systeme

Gesellschaft, Mensch oder Zellen
sich als vielseitige Systeme darstellen,
die wieder aus Untersystemen bestehen
und auch als Teil in größere eingehen.

Organische Systeme sich selbst reparieren,
sie sind bestrebt sich oft zu kopieren.
Dabei können neue Eigenschaften entstehen,
die ihre Überlebensfähigkeit erhöhen.

Jedes System will sich selbst erhalten
und muss ein höheres mit gestalten.
Nach unten gibt es sich autonom,
im oberen hat es eine Hilfsfunktion.

Wird das untere seiner Aufgabe nicht gerecht,
dann geht es dem abhängigen oberen schlecht.
Das sollte uns zur Vorsicht ermuntern,
Obersysteme sind komplexer als die unter'n.
Wir können nur unvollständig wissen,
was wir in jenen tun und lassen müssen.

Der Mensch denkt systemgetreu zuerst an sich,
besonders, wenn ein anderes ist hinderlich.
Von Symbiosen er sich nichts verspricht,
als Stärkster ist er auf Ausbeutung erpicht.

Es ist zwar nicht einfach, Systeme zu knacken,
doch daran kauen wir mit vollen Backen.
Unser Intellekt hat dazu die beste Chance,
der bringt sie am ehesten aus der Balance.

Mit vermeintlichen Verträglichkeiten
menschliche Macht weiter auszubreiten,
sich hinter Machbarkeit verschanzen,
bezeugt Unwissen von der Natur des Ganzen.
Wir sind dabei, Systeme schwer zu versehren
und damit uns Stützendes zu zerstören.

Organismen

Als das Leben die Mehrzeller erfand,
mit ihnen die Arbeitsteilung entstand.
Die Zellen erhielten verschiedene Funktionen,
ihr Verband verlangte nach Administrationen.

Im Organismus ist seither das Leben zu Haus,
er zerfällt, geht das Leben aus ihm heraus.
Auch eine Zelle, von ihm getrennt,
verliert ihr Lebenselement.

Im Organismus sind die Gene aller Zellen gleich,
nur dann gehören diese zu seinem Reich.
Ihre Funktion zu organisieren ist seine Pflicht,
sein Leben ist bedroht, kann er das nicht.

Organismen sind autonom und flexibel,
sie beheben nicht nur eigene Übel,
sie zeigen auch der Umwelt ihre Zähne:
Sie ändern dazu manchmal ihre Gene!

Anpassung ist das bewährte Verfahren
mit den die Organismen erfolgreich waren.
Sie müssen sich nur oft genug kopieren.
Wir erleben das bei Pflanzen und Tieren.

Beim Menschen ist der Vorgang subtiler,
der Geist ist hier der Gegenspieler.
Der will die Welt an uns anpassen,
das sollte er vernünftigerweise lassen.

Zum allgemeinen Wohlbefinden
begann er Staaten zu gründen,
die den verständlichen Willen
zu einem sicheren Dasein stillen.

So sind schließlich politische Staaten
zu komplexen Organismen geraten.
Die Lenker sollten das besser beachten,
und mehr auf das Wohl des Ganzen achten.

Organismus Menschheit

Distanzen können wir problemlos überwinden,
also ohne Schwierigkeit zusammenfinden.
Die informative Vernetzung verdichtet sich,
wir werden voneinander abhängig.

Damit bestehen wichtige Eigenschaften,
die auch einem Organismus anhaften.
Ich ahne einen Menschheitsorganismus,
wenn auch einiges dazukommen muss.
Seine Seele könnte im Geistesleben steh'n,
die UNO wäre sein Immunsystem.

Hier haben wir Menschen Organfunktion,
viele Verbindungen existieren schon.
Wichtige Erkenntnisse liegen in Mengen vor,
aber sie gehen zu wenigen ins Ohr.

Das liegt wohl an unserem Rechtsempfinden,
das großzügig ist gegen Umweltsünden.
Dort müssen wir energischer ansetzen,
wenn wir unsere Nachkommen schätzen.

Angebot und Nachfrage bestimmen die Preise,
ist das bei Wasser, Luft und Boden weise?
Solange wir das nicht als Unrecht ansehen,
hat der Organismus Mensch noch viel auszustehen.

Er muss sich endlich darauf einrichten,
sich dem Erde-Organismus zu verpflichten.
Der wird von unserem Wachstum gequält,
offen ist, welches Abwehrmittel er wählt.
Seien es Wundfieber oder Schüttelfrost,
beides macht uns dann schnell zu Kompost.

Er würde also zu den Organismen gehören,
die sich im eigenen Dreck zerstören.

Artensterben

Um Arten und Erde zu retten
wir das notwendige Wissen hätten.
Nur am Willen es weltweit mangelt,
jeder Staat nach seinem Vorteil angelt.

Arten sind zwar schon immer ausgestorben,
doch die Menge, die wir jährlich morden,
hat sich um den Faktor tausend vermehrt,
was das Ökosystem nachhaltig verheert.

Warum soll das so wichtig sein?
Nun, keine Art existiert für sich allein,
alle haben sich hochgradig vernetzt,
der Tod einer jeden das Netz verletzt.

Wir vernichten zu viele Knoten,
agieren wie Kamikazepiloten,
denn zerstörte Maschen im Ökosystem
gefährden Existenz und Wohlergeh'n.
Versuche neue Arten zu züchten,
provozierten Horrorgeschichten.

Setzen wir weniger auf Machbarkeit
und sind mehr zum Bewahren bereit.
Es ist eher zu spät als zu früh
für eine globale Existenzphilosophie.

Faustische Unruhe reduzieren,
zu besonnenem Denken hinführen
und das menschliche Glück pflegen,
das wäre für die Erde ein Segen.

Erweiterten wir die Ethik in diesem Sinn,
und arbeiteten auf ihre Anerkennung hin,
statt dem Fetisch Wachstum zu huldigen,
vielleicht würde der Globus uns entschuldigen.

Zyklen

Die Seele des gesamten Alls
ist der Zyklus jedenfalls.
Ohne Zyklen, das wissen wir doch,
wäre es nur ein schwarzes Loch.

Die Drehung der Erde ist notwendig,
denn sie hält den Globus lebendig.
Ohne Lebenszyklen gäbe es keine Evolution,
Kreisprozesse treiben maschinelle Rotation.
Rhythmen bringen uns auf Touren,
zyklisch steuern sich die Uhren.

Lernen heißt neues Wissen aufnehmen
und schrittweise mit altem verbinden.
So lässt sich Wissen ausdehnen
und dauerhaft wiederfinden.
Wer diesen Zyklus missachtet,
halbwissend verschmachtet.

Ressourcen in Zyklen nützen
wird die Umwelt schützen.
Nehmen und Zurückgeben,
das ist nachhaltig leben.

Die Mischung der Luft war lange konstant,
jetzt wird zuviel Kohlenstoff verbrannt.
Wir haben einen Zyklus zeitlich verzerrt
und damit stabiles Gleichgewicht zerstört.

Zyklen sind wichtiger als wir meinen,
sie begleiten uns von Kindesbeinen.
Herzschlag, Atmen und Gehen
aus vielen Zyklen bestehen.
Sie sind das Lebenszeichen,
ohne sie wären wir eben Leichen.

Das Weltall ist einmal entstanden,
wird es auch wieder vergehen?
Wissen darüber ist nicht vorhanden,
aber auch hier könnte ein Zyklus bestehen.

Grenzüberschreitungen

Das ist das Wissenschaftsziel allgemein,
einmal soll alles auf Erden machbar sein. -
Man müsste sich nur genügend Zeit lassen,
dann wäre alles in Naturgesetze zu fassen.

Das trieb die Menschen mächtig an,
für den Fortschritt wurde viel getan.
Dazu waren Grenzen zu überwinden,
wollte man neue Zusammenhänge finden.

Die Erde ist nicht Mittelpunkt der Welt.
Dies dem Inquisitor in den Ohren gellt.
Obwohl mathematisch erklärlich,
war solche Ansicht lebensgefährlich.

Trotzdem wurden Grenzen weiter überschritten:
Vaselius hat den Menschen erstmals aufgeschnitten,
Galilei und Keppler haben die Methodik bereinigt,
sie haben das Geschehen mit der Theorie vereinigt.

Später wähnte man die Physik am Ende.
Plank und Einstein brachten die Wende.
Der Mikrokosmos hier und dort das All,
Beide Themenkreise ergänzten sich ideal.

Das Neue keinesfalls nur Freude bereitet,
über Atome und Gene man trefflich streitet.
Wer dabei obsiegt, der kann sich auch irr'n,
denn es gibt auch Grenzen für unser Hirn.

Wir haben unsere geistige Potenz überschätzt,
uns in einen Machbarkeitsrausch versetzt.
Unser innerer Fortschritt ist zurückgeblieben,
und gerade der gehört vorangetrieben.

Uns fehlen äußerer Frieden und innere Harmonie,
weiterführende Ethik und kompetente Psychologie.
Es ist an der Zeit hier Grenzen zu überschreiten,
um der Menschlichkeit breitere Wege zu bereiten.

Planet Utopia

Auf diesem Planeten gibt es nur einen Staat,
der ungewöhnliche Eigenschaften hat.
Das Wohl der Menschen, ohne Wenn und Aber,
ist sein höchstes Streben und kein leeres Gelaber.

Alle Bürger ehren den Staat,
der Gerechtigkeit zu bieten hat.
Er wird von seinen Bürgern nie betrogen,
auch Steuern werden nicht hinterzogen.

Er hat es geschafft, Gewalt zu ächten,
und ein Netz der Vernunft zu flechten.
Ein großes Quantum von Freiheit dazugehört,
soweit sie die Freiheit der anderen nicht stört.

Gemeinsinn ist Selbstverständlichkeit,
Lobby-Egoismus keine Notwendigkeit.
Dadurch werden viele Energien frei,
das trägt prompt zum Wohlstand bei.

Wer aus dem letzten Loche pfeift,
dem der Staat unter die Arme greift.
Ansonsten sorgt jeder für sich selber vor,
liegt dem Staat kaum mit Wünschen im Ohr.

Es vertragen sich Arbeit und Kapital
Kunst und Bildung stützen die Moral.
Man ist weithin hilfsbereit,
Solidarität ist Wirklichkeit.

Mit der Umwelt ist Frieden geschlossen,
Schmutz und Gift werden nicht vergossen.
Energie direkt die Sonne gibt,
die Luft ist nicht mehr eingetrübt.

Natürlich ist das alles Illusion. -
Oder der nächste Schritt der Evolution?

Zukünftiges

Was wir von der Zukunft auch erhoffen,
da ist vieles möglich, aber alles offen.

Die Zukunft ist wohl kaum der Logik Freund,
Vorhersagen hat sie schon oft verneint.
Liebesschwüre, Wetter oder Börsen
entblößten ihre Achillesfersen.

Unsere Pläne werden unerwartet zerrissen,
der Ausgang jedes Handelns liegt im Ungewissen,
Unsicherheit kennzeichnet unsere Lage,
damit sind wir bei der Glaubensfrage.

Nur der Gläubige besitzt die Sicherheit,
dass etwas von ihm bleibt in Ewigkeit.
Wenn er auf irdischen Wegen schreitet,
wird er von seinem Glauben geleitet.

Aber alle irdischen Gebilde rundherum
tragen ein unsichtbares Verfallsdatum.
Das galt bisher für jede Götterwelt,
die Frage ist, ob unsere für ewig hält. -

Viele meinen, dass auf freiem Willen beruht,
was einer unterlässt und was er tut,
denn wir können selbstständig entscheiden,
was wir künftig akzeptieren oder meiden.

Es hängt an uns wie eine Klette,
das Ungewisse ist die weite Stätte
auf der die Freiheit gern verweilt,
die allein dem Menschen zugeteilt.

Ihm wurden Vernunft und Einsicht verliehen
um damit gerüstet ins Ungewisse zu ziehen.

Evolutionsbedarf

Wir unterscheiden uns von den Tieren,
dadurch dass wir erkennend existieren.
Unser Denken will sich bewähren,
in dauerndem Bemühen das Sein erklären.
Wir ahnen, woher wir gekommen sein müssen,
das Wohin liegt für uns im Ungewissen.

Die Evolution ist konsequent zudem
ein sogenanntes offenes System.
Unerwartetes wirkt darauf ein,
unser Wissen läuft dem hinterdrein.

Auch der Mensch ist hier erschienen,
um der Entwicklung des Lebens zu dienen.
Aber können wir vernünftig entscheiden,
über das, was wir machen oder meiden?

Wenn Wünsche den Verstand überspülen,
im Streben nach verlockenden Zielen,
dann ist es oft mit der Vernunft nicht weit her,
sie ist zu schwach zu entschiedener Gegenwehr.

Deshalb unser Verstand häufig irrt,
wenn heiße Emotion das Hirn verwirrt.
Es spielt dann eine gefährliche Rolle,
als Folge gerät vieles außer Kontrolle.

Daran müsste man viel ändern können,
würde man die beiden biologisch trennen.
Nur sind sie neurologisch eng vernetzt,
was sich jeder Trennung widersetzt.

Wenn uns allein Vernunft nur retten kann,
ist dieses Hirn ein artgefährdendes Organ.

Die Evolution müsste jetzt eingreifen,
doch dafür wird die Zeit nicht reichen.
Vielleicht hilft ihr einmal die Metaphysik
und hält Unvernünftiges emotionell zurück.

Diesseits – Jenseits

Das Jenseits ist ein geistiges Konstrukt,
mithin ein menschliches Produkt.
Unseren Sinnen ist es nicht zugänglich,
jede Vorstellung ist deshalb unzulänglich.

Was die Philosophen nennen transzendent,
ist zum Empirischen das Komplement.
In jeder Philosophie ist das sichtbar:
Für sie ist Transzendentes unverzichtbar,
denn der Mensch will alles erklären.
Dazu braucht er metaphysische Sphären.

Über die Frage, was im Diesseits passiert,
wird ebenfalls seit langem recherchiert.
Hier sind die Dinge greifbar vorhanden,
und doch hat man sie nur teilweise verstanden.

Die Wissenschaft sich stetig voran tastet,
Transzendentes ist mit Ungewissheit belastet.
Warum schlagen sich so viele damit herum?
Es gibt doch im Irdischen genug zu tun!
Darauf stattdessen verwendete Geisteskraft
hätte uns vielleicht viel mehr gebracht.

Ob wir nach dem Leben auf Erden
vom Jenseitigen etwas erfahren werden?
Also Teile vom Transzendenten,
die uns berühren könnten?
Kommen wir etwa vor ein Gericht?
Nur kennen wir dessen Gesetze nicht.

Sollte es das alles nicht geben,
dann war es das mit dem Leben.
Werden wir aber dem Hier und Jetzt gerecht,
ging' es uns dann im Jenseits wirklich schlecht?

Ewig leben?

Der Wunsch danach ist auf Erden uralt,
doch hätte ewiges Leben eine graue Gestalt.

Die Zeit würde keine Rolle mehr spielen,
wir würden sie einfach nicht fühlen.
Unsere Reifung sich endlos ausdehnt,
der Geist wird zwangsläufig gelähmt.

Den Drang zu einem erfüllten Leben
würde es überhaupt nicht geben,
denn angesichts von soviel Zeit
besteht keine Eile für Tätigkeit.

Von der Freude an Erkenntnisschritten
wären wir jedenfalls abgeschnitten,
denn wo keine Zeit besteht,
auch nichts mehr voran geht.

Für die Natur auf unserem Planeten
ist unbedingt der Tod vonnöten,
denn ohne ihn gäbe es kaum
für neues Leben freien Raum.

Damit das Junge sich frei entfaltet,
wird dazu das Alte ausgeschaltet,
und nur wenn neues Leben gedeiht,
steht auch die Evolution bereit.

So ist der Tod lebensnotwendig,
durch ihn wird Veränderung beständig.
Auch wir sind ein Produkt von ihr,
als erstes und letztes (?) Über-Tier.

Nutzen wir doch unser endliches Leben,
um allen Arten „ewiges" Leben zu geben.
Sonst werden wir vom Artentod geschlagen
und das könnte der „Rest" wohl leicht vertragen.

Vertrauen

Wohin ihr euch wendet und dreht,
mit dem Vertrauen es abwärts geht.
Hierzu trägt die Politik besonders bei,
sie erscheint weitgehend skrupelfrei.

Die Politiker versprechen oft zu viel,
so seien die Renten sicher stabil.
Dem glaubt selbst kein Dummkopf mehr,
mit dem Vertrauen ist's nicht weit her.

Sie aber immer wieder darauf bauen,
dass wir ihnen vor der Wahl vertrauen.
Der Wähler später den Schwindel entdeckt,
was dann Misstrauen zum Kommenden weckt.

Der Staat leichtfertig mit dem Geld umgeht,
statt zu sparen lieber die Steuer erhöht.
Die Zahler können das nicht verwinden,
ihr Vertrauen in den Staat wird schwinden.
Übriges wird ins Ausland geschickt,
Steuerflucht wird Kavaliersdelikt.

So wird Tragendes vernichtet,
wenn man auf Vertrauen verzichtet.
Gerade dieses ist aber ohne jede Frage,
für gedeihliches Tun die tragende Grundlage.

Ohne Vertrauen ist unser Leben nicht möglich,
trauen wir doch Menschen und Sachen täglich.
Wenn wir das nämlich nicht täten,
würden wir kein Flugzeug betreten.

Vertrauen setzt eben Zuverlässigkeit voraus,
bei Enttäuschung ist es schnell mit ihm aus.
Wollen wir Dauerhaftes aufbauen,
müssen wir fest aufeinander vertrauen.

Verantwortung

Verantwortung ist ein unentbehrliches Gut,
weil auf ihm menschliches Handeln beruht.
Sie ist Aufforderung zum eigenen Gestalten,
gibt Gelegenheiten Fähigkeiten zu entfalten.
Wenn Kompetenz und Ehrgeiz sich verbinden,
wird ein Aktiver Freude und Erfolge finden.

Das gilt für Busfahrer und Flugkapitäne,
für Ärzte und für Behandler unserer Zähne.
Alle Eltern und Lehrer sind betroffen,
vom Politiker kann man es nur erhoffen.

Einige werden von ihr entbunden,
hat eine Reise ihr gutes Ende gefunden,
andere, wenn Besserung erreicht.
Bei Eltern und Politikern ist das weniger leicht.
Sie stiften Gutes oder richten Schaden an,
was sich erst in Zukunft zeigen kann.

Ganz oben die Verantwortung steht,
die eine Generation für die nächste eingeht.
Schulden machen oder den Globus versauen
und damit den Jungen den Weg verbauen. -

Leider sind Strafen für solche Taten
auf Erden nur selten zu erwarten,
denn die Folgen für solches Tun
können in fernerer Zukunft ruh'n.

Die Ethik lässt uns hier im Stich,
der Zukunft verweigert sie sich,
denn die ist immer ungewiß.
Risiko verbirgt sich in diesem chch.

Das miteinander zu verbinden,
hieße der Weisheit Stein zu finden.
Erst dann wären wir uns bewusst,
was auf unverantwortbare Taten fußt.

Konzepte

Jeder Mensch, der etwas auf sich hält,
hat für sein Tun Konzepte aufgestellt,
denn ohne solche Überlegung
kommt nichts Rechtes in Bewegung.
Glücklich ist, wer früh damit beginnt,
und zeitig seinen Lebensfaden spinnt.

Wer eine Firma konzeptionslos leitet,
ihre Pleite damit vorbereitet.
Hier gäbe keine Bank Kredit,
weil sie dieses kommen sieht.

Natürlich können wir nicht alles ahnen,
nicht alles ohne Fehler planen.
Doch wer eine Leitlinie hat,
findet einen besseren Rat.

Auch in der Politik kennt man Konzepte,
kaum umgesetzte, jedoch oft verschleppte,
denn die meisten von denen da oben
leider Modelle ohne Konzept erproben.

Was mit heißer Nadel genäht,
Praxisteste schlecht besteht.

Sie entwickeln erstaunlichen Mut
im Wissen, was dem Volke wohl tut.
Auf das, was Fachleute ihnen berichten,
können sie selbstbewusst verzichten.

Das sind mehr als schlechte Manieren,
so darf man einen Staat nicht führen.
Mit der Fähigkeit dazuzulernen,
sich nicht von der Basis zu entfernen,
nach durchdachten Konzepten zu handeln, -
das würde Leerlauf in Erfolg verwandeln!

Notwendiger Konsens

Wie die Politiker ihr Geschäft betreiben,
erinnert mich an Fliegen auf Fensterscheiben:
Die suchen den kürzesten Weg zum Licht,
ein anderer Pfad existiert für sie nicht.
Bleibt das Fenster verriegelt,
 ist ihr Schicksal besiegelt.

Die Politiker suchen auch nur kurze Wege,
und kommen sich dabei ins Gehege.
Sie wollen nicht die Sackgasse sehen,
an deren Ende sie immer wieder stehen.

Sie meinen ihre Haut retten zu können,
indem sie den anderen weniger gönnen.
In Hetze und Zwänge verstrickt
ihnen einfach zu wenig glückt.

Dabei werden sie wie die Fliegen
schließlich hilflos auf dem Rücken liegen.
Statt den Bürger mit Gezänk zu verschrecken,
sollten die Parteien den Konsens entdecken.

Sie kämpfen einen fruchtlosen Strauß,
aus dem kämen sie nur im Konsens heraus.
Was zu tun ist, wird nur gelingen,
wenn alle dafür Opfer bringen.
So ist Besitzstanddenken aufzuweichen,
um bisher blockierte Ziele zu erreichen.

Das soziale Netz ist überlastet,
das wurde gründlich abgetastet.
Eine Rettung wäre schon in Sicht,
doch doktriniert, einigt man sich nicht.

Dazu wären alte Krusten aufzubrechen,
um dann über echte Reformen zu sprechen.
Doch gehen Katzen eher baden,
als Politiker auf gemeinsamen Pfaden.

Gerechtigkeit

Rechtschaffenheit als Tugend uns ziert,
unser Recht sich an ihr orientiert,
damit wir uns in allen Lebenslagen
mit Hilfe der Vernunft vertragen.

Wer sich dieser Tugend entzieht,
einer gerichtlichen Klage entgegen sieht.
Selbst da bleibt mancher Spruch noch offen,
von höherer Instanz Verlierer mehr erhoffen.

Wenn es um politische Fragen geht,
entscheidet meist die Majorität.
für den einen ist es gut, für andere schlecht,
nur das wenigste empfinden alle als gerecht.

Auf dem Arbeitsmarkt liegt einiges schief,
seit soziale Gerechtigkeit ins Abseits lief.
Die Interessen des Kapitals stehen ganz oben,
die der Menschen sind auf die Seite geschoben.

Gerecht sein ist ein Abwägen von vertrackten
Umständen, Gefühlen und Fakten,
denn selten besteht ein Gleichgewicht
zwischen Forderung und Verzicht.

Gerechtigkeit beruht auf Rechtsempfinden,
auf das muss sich unsere Einstellung gründen.
So liegt sie allein in unserer Hand,
Recht und Unrecht trennt keine Wand.
Was der eine als Recht ansieht,
für den anderen im Unrecht liegt.

Gerechtigkeit betrachte ich als Ideal,
ihren Gegenpol finden wir überall.
Diesen Zustand haben schon viele beklagt,
ihn zu ändern war noch jedem versagt.
Wir müssen uns trotzdem um sie bemühen,
damit nicht dunkle Kräfte ihren Vorteil ziehen.

Soziale Gerechtigkeit

Dieses oft gebrauchte, griffige Wort,
verspricht einen schützenden Hort
gegen Willkür und Schicksalsschläge.
Jeder ist ein gleichberechtigter Kollege.

Das ließe sich vielleicht erreichen,
würden sich alle Menschen gleichen.
Wir sind aber grundverschieden
und müssen uns Urteilen fügen,
die im menschlichen Ermessen liegen.

Die Ziele der jeweils regierenden Partei
tragen zur Modulation der Maßstäbe bei.
Das persönliche Können ist unterschiedlich,
aber unbegründet hoher Anspruch üblich.
Die Grenzen unserer Selbstkritik
beschränken objektiven Überblick.

Wenn man mit Druck die Löhne erhöht
und damit die Chance schlechter steht,
Arbeitslose in Beschäftigung zu bringen,
verfängt man sich in bedrohlichen Schlingen.

Staatschulden sind wahrhaft unsozial,
denn Zinsen für geliehenes Kapital
sind nicht mehr für Investitionen frei
und gehen somit am Bürger vorbei.

Sozial und gerecht passen nicht zusammen,
weil sie verschiedenen Familien entstammen.
Soziale Gerechtigkeit ist mehr ein Fanal,
aber nicht der Inbegriff von sozial.
Soziale Probleme löst man mit Kompromissen,
zwischen Menschlichkeit, Klugheit und Wissen.

Würden wir auf etwas Geborgenheit verzichten,
und uns mehr der Chancengleichheit verpflichten,
brächte uns das menschlichen Idealen näher
und das allgemeine Wohlbefinden wäre höher.

Unvereinigtes Europa

In den USA gibt's eine Liste
aus der hervorgeht was man tun müsste,
wenn sich's um vitale Interessen dreht:
Was kriegt wann die höchste Priorität.

Leider gibt es diesseits des großen Teiches
nur wenig ähnliches und gar nichts Gleiches.
Europa fehlen eigene Strategien,
das, was wir haben, ist geliehen.

Wir vertrauen auf Amerika,
denn bei denen ist schon alles da. -
Wir zeigen dafür unsere Fahnen
bei Schwierigkeiten mit Bananen.

Europapolitik nach außen
ist ein turbulentes Brausen,
das wirkungslos verhallt,
wenn Jimmys Peitsche knallt.

Eine blasse Verfassung und keine Regierung,
dafür eine Kommission und zuviel Normierung:
Europa fummelt mal hier und mal da,
 erscheint als abhängig von USA.

In der Schweiz, seit alten Zeiten
die Kantone miteinander streiten,
doch in der Außenpolitik
ziehen sie am gleichen Strick.

Das wird in Europa noch lange dauern,
zu dick sind die trennenden Mauern.
Trotz aller Einigungsgebaren
will sich Souveränität bewahren.

Muß uns eine große Katastrophe peinigen
und Europa sich erst in der Not vereinigen?
Bisher war das geschichtliche Norm,
Gewalt erst brachte eine neue Form.

Maastricht

Im Reich von Karl dem Grossen
war Zentraleuropa eingeschlossen.
Er regierte absolut und zentral
als Kaiser zum ersten und letzten Mal.
Die Fürsten wollten auf Biegen und Brechen
die Stellung des Kaisers schwächen.

Nach acht Jahrhunderten und 30 Jahren Krieg
errangen die Fürsten endlich den Sieg:
Mit dem Westfälischen Frieden
Kaiser und Reich am Boden liegen.

Napoleon und der Wiener Kongress
vollendeten diesen Prozess.
Die Geschichte ist danach weiter geholpert,
und wir sind ins Abseits gestolpert.

Doch endlich wiedervereinigt
wurden wir wieder gepeinigt:
Mit dem Maastrichter Kontrakt
wurde wieder auf uns gehackt.

Damals das Reich und jetzt die Mark,
beide kamen in einen gläsernen Sarg.
In der Währung sind wir nivelliert,
an anderer Stelle ist nichts passiert.

Rechts- und Staatshoheit sind geblieben,
nationales Militär ist festgeschrieben,
 Die Souveränität darf weiter sündigen,
den Vertrag kann jeder Staat kündigen!

Man hat sich eben nur auf das verständigt:
Wirtschaftshegemonie gehört gebändigt.
Dafür hat man dieses in Kauf genommen:
Europa bleibt noch lange unvollkommen.

Rechte und Pflichten

Der Mensch seit langem Pflichten trägt,
Pflichtverletzung wird mit Strafe belegt.
Mit Rechten, die bei der Geburt entstehen,
macht man weniger großes Aufsehen.

Mit der Aufklärung änderte sich das,
als die Revolution ihre Kinder fraß
und sie die Freiheit der Bürger erfanden.
Damals sind die Menschenrechte entstanden.

Allerdings haben sie bald bemerkt,
dass nur Pflicht das Staatswohl stärkt.
Die Rechte wurden beteuert,
die Bürger jedoch hoch besteuert.
Leben in Würde war unverletzlich,
aber Wehrpflicht unerlässlich.

Nun betonen die Staaten ihre Zuständigkeit,
für die Regelung innerer Angelegenheit.
Was die einen als notwendig einschätzen,
ist für andere Menschenrechte verletzen.
Eine UNO-Charta steht dagegen,
nur lässt sich damit wenig bewegen.

Ihre Verletzung verfolgt die UNO zu lasch:
Anfangs gibt es lautes Wisch-Wasch,
dann wird ausgiebig gedroht.
Inzwischen holt viele der Tod.

Vor Gewalt wird zurückgeschreckt,
aber ohne diese fast nichts bezweckt.
Den Staaten fehlt es an Willen
die übernommene Pflicht zu erfüllen,

Dieser Zustand ist unbefriedigend,
seine Änderung in der Ferne liegend.
Dies allerdings ist wahrhaft visionär:
Das gäbe es in einem Erdenstaat nicht mehr.

Wohlfahrtsstaat

Er nimmt dem Bürger manches Risiko,
nur ist der darüber nicht recht froh.
Da werden uns Zwangsversicherungen beschert,
die werden immer teurer und weniger wert.
Tief greift der Staat in unsere Tasche
und verwandelt gutes Geld zu kalter Asche.

So setzte der Staat ein Projekt in den Sand,
als er den Generationenvertrag erfand.
Viele Alte leben jetzt von den Jungen,
demographisch ist das System misslungen.

Wir sind unentrinnbar zwangsverpflichtet,
über Preis und Leistung kaum unterrichtet.
Wir sollen sogar Nichtzahler miternähren,
und keiner kann sich mit Austritt wehren.

Von Gesetzen eingeengt und behindert
sich legale Eigeninitiative mindert.
So trägt des Wohlfahrtsstaates Gleichmacherei
zur Verminderung des Wohlstandes bei.

Die Staatsquote geht ständig hoch,
dennoch vergrößert sich das Steuerloch.
Die Misere ließe sich bereinigen,
wenn wir uns zu diesem einigen:

Der Staat ein Netz mit weiteren Maschen spinnt,
der einzelne mehr Autonomie gewinnt,
Vorsorge wird zur persönlichen Angelegenheit. -
Dazu braucht es allerdings noch sehr viel Zeit.

So werden die Staatsfinanzen geschont
und Eigeninitiativen höher belohnt.
Auch dieses muss dann selbstverständlich sein:
Für die wirklich Armen stehen alle ein.

Bittere Medizin

Es ist dem Fortschritt zu verdanken,
wenn Leidenden und Kranken
heute besser denn je geholfen werden kann.
Nur beim Bezahlen fangen die Probleme an.

Hätte die Medizin seit 100 Jahren
keinerlei Fortschritt erfahren,
wären alle Gesundheitskosten
ein lächerlich geringer Posten.

Doch das Streben nach mehr ist uns zu eigen,
die Menschen sogar Unersättlichkeit zeigen.
Die Forscher ständig Neues präsentieren,
wodurch die Kosten explodieren.

In seiner Begehrlichkeit keiner bedenkt,
dass alle Ressourcen sind beschränkt.
Es können sich eben die meisten
nicht von allem das Beste leisten.
Haben wir noch die Freiheit das auszuwählen,
was wir uns selber besonders empfehlen?

Das gilt genau für das Soziale,
unbezahlbar ist das Maximale.
Wem Gesundheit ist das höchstes Gut,
wird ihr zahlen einen Extratribut,
um mit höchstem medizinischen Können
seinem Wohlergehen das Beste zu gönnen.

Wem Renten und Kassen nicht genügen,
muss über Ergänzendes verfügen.
Jetzt kommt es wieder ans Tageslicht:
Es gibt keine Sicherheit ohne Verzicht.

Grenzen der Solidarität

Gegen Risiken, die uns gefährden,
können wir versichert werden.
Schäden werden für die, die es trifft,
von der Solidargemeinschaft umschifft.

Bei Haftpflicht, Sturm und Feuer
ist das nicht so schrecklich teuer.
Ganz anders sieht das im Sozialen aus,
dort stehen uns schwere Lasten ins Haus.

Die teurer werdende ärztliche Kunst
hat den Versicherern die Kalkulation verhunzt.
Die Rentenkassen haben auch nichts zu lachen,
die länger Lebenden hohe Kosten verursachen.

Die Ansprüche der Patienten sind gestiegen,
sie wollen unbedingt das Beste kriegen.
So geht das Ganze dramatisch in die Breite,
das System bewegt sich in Richtung Pleite.
Wenn wir aber die Solidarität begrenzen,
ergeben sich harte Konsequenzen:

Transplantationen nicht mehr für die Alten,
Todkranke kürzer am Leben halten.
Wann wird das soziale Netz zerrissen,
so dass ärmere Bürger früher sterben müssen?
Gehen wir damit etwa zu weit
oder gilt noch der hypokratische Eid?

Steigende Kosten werden vor allen Dingen
uns zu mehr Kostenbeteiligung zwingen.
Wachstumsgrenzen wir alle spüren,
dieses Thema will keiner anrühren.
Die Wahrheit wird nicht beschrieben,
die Flickschusterei wird weiter betrieben!

Die ungedeckten Kosten aber existieren
und werden uns in eine Krise führen.

Gesundheitspolitik

Die Kassen sind in Schwierigkeiten geraten,
ihre Bilanzen faulen schneller als Gentomaten.
Schaden verhüten ist besser als Schaden vergüten.
Diese Binsenweisheit ist den Kassen einerlei,
ungesunde Lebensweise ist bei ihnen beitragsfrei.

Die Autofahrer haben risikogerechte Preise,
die Kassen agieren nicht in gleicher Weise!
Wer auf Alkohol und Rauchen steht,
sein Krankheitsrisiko doch erkennbar erhöht.

Die Übergewichtigen sind häufiger krank,
Biker sitzen auf einer gefährlichen Bank.
Das wäre über Abgaben abzudecken,
die in den Preisen für diese Gifte stecken.

Was ist mit den zunehmenden Allergien?
Steckt da mangelnder Umweltschutz drin?
Chemiefreie Nahrung wäre auch ein Ziel,
 wenn man vorbeugend Kosten senken will.

Nun haben Lobbyisten und damit der Staat
eine Reihe von Verhinderungsgründen parat.
Das Verursacherprinzip wird hervorgehoben,
hier wird es schlicht beiseite geschoben.

Dann gibt es leider noch ein Gegenargument:
Wer das Schicksal von Zwecksteuern kennt,
weiß, dass diese bald andere Verwendung finden
und wirkungslos im Staatshaushalt verschwinden.

Wer aber Verantwortungsbewusste belohnt
und die Vergeuder weniger schont,
setzt überzeugende Aufbruchzeichen.
Müssen wir solche Ideen wirklich streichen?
Verharren die Mächtigen in ihrer Schwäche?
Dann zahlen die Kleinen wieder die Zeche.

Staatliche Souveränität

Noch gibt sie sich hochaktuell
und ist doch nur ein Auslaufmodell.

Grenzen werden jetzt schon übersprungen,
dem Kapital ist das recht gut gelungen.
Auch Umweltgifte und Drogen
bisher jede Sperre überflogen.
Die Wirtschaft agiert global -
und die UNO verhandelt im Saal.

Hier steht die Souveränität an erster Stelle,
für sie errichten die Staaten viele Wälle.
Sie sind für die Wirklichkeit blind,
weil sie mit Werten verhaftet sind,
für die sie früher Kriege geführt,
wurde ihre Souveränität berührt.

Die Autorität von Familie und Staat
sich vielerorts verringert hat.
Abhängigkeiten haben sich abgeschwächt,
ersetzt durch Liberalität und Recht.

Trotz allem wollen die Staaten mitnichten
auf ihre Souveränität verzichten.
Das eröffnet freien Kräften Möglichkeiten,
sich gesetzfrei weltweit auszubreiten,
denn die Staaten sind schon viel zu schwach,
sie halten die Profiteure nicht im Schach.

Wollen wir die Globalisierung verdauen,
ist diese Souveränität abzubauen,
zu Gunsten einer weltweiten Autorität,
die für Recht und Ordnung steht.

Geschieht das erst in größter Not,
wenn eine globale Katastrophe droht?

Cavalese
Nach einem Jahr

Die Crew hat wohl der Teufel geritten,
als sie das Seilbahnkabel durchschnitten.
Karten veraltet, Höhenmesser defekt,
Rodeorausch hat in den Hirnen gesteckt.

Beileid wurde recht flüchtig mitgeteilt,
die Crew ist schnell nach USA geeilt.
Italien darf nichts dazu sagen,
die Causa wird drüben ausgetragen.

Dort urteilte ein Militärgericht:
Schuldig sind sie alle nicht!
20 Menschen tot und keine Schuld,
da erschöpft sich jede Geduld.

Doch es soll wirklich Tonbänder geben,
die wertvoller sind als Menschenleben!

Später wurde nämlich bekannt,
einer hätte ein Tonband verbrannt.
Den haben sie dann gepackt
und zu sechs Monaten verknackt.
Das wird allerdings erst erledigt,
wenn ein Commander dies genehmigt.

Ihre Ausbildung zielt auf Töten,
dabei dürfen sie nicht eröten.
Ist aber die Ehre verletzt,
wird man vor die Tür gesetzt.

Mit einem Willkürakt wie diesem,
wird dem Recht ein Bärendienst erwiesen.
Vertreter der Weltmacht Nummer eins
sind eben gleicher als unsereins.

Gebremste Macht

Der Mächtigste gewann früher den Krieg,
heute erringt der Machtlose auch keinen Sieg,
denn hinter jeder Macht steht jene Kraft,
die verändert oder Neues schafft.

Sie wird meist demokratisch errungen.
Aber bei unpopulären Entscheidungen
werden den Mächtigen die Knie weich,
denn damit wackelt ihre Macht zugleich.

So steigen beständig die Schadensquoten,
ebenso wie die Zahl der Umwelttoten.
Sollten einmal die Mächtigen reagieren,
dann ist es zu spät fürs Reparieren.

Dem entkämen wir mit rechtzeitigem Verzicht,
doch demokratisch-global gelingt das nicht,
Hat deshalb Plato utopisch unverhohlen
die Philosophen als Alleinherrscher empfohlen?

Die Geschichte kann es bekunden,
es haben sich zwar Retter gefunden,
und das Volk für Entbehrungen gewonnen,
 Gutes ist nicht dabei herausgekommen.

Ein solcher Retter für die Erde ist nicht in Sicht,
die Macht der UNO reicht ebenfalls nicht.
Für sie ist die Umwelt noch kein Kernproblem,
aber Globalisierung lässt ein solches entsteh'n.

Was sie auch über Ethikerweiterung schreiben,
die Indizien unserer Hilflosigkeit bleiben.
Ob es reicht sich strebsam zu bemühen,
kann man durchaus in Zweifel ziehen.

Ich möchte niemand seine Hoffnung rauben,
es bleibt uns, an Wunder zu glauben.

Kampf

Schon die Cherubim mit ihrem Schwert
haben dem Menschen das Paradies verwehrt.
Die Natur hat es wohl so vorgesehen,
ohne Kampf wird es im Leben nicht gehen.

Er scheint mir ein Lebenselement,
nur das Starke ist permanent.
Die Wirtschaft gibt sich in gleicher Art,
nur der Gesunde seine Existenz bewahrt.

Diesem Prinzip folgen auch die Staaten,
deren Geschicke auch nur gut geraten,
können sie einer drohenden Gewalt
gebieten ein entschiedenes Halt.

Sie müssen Gewalttätigen Grenzen setzen,
wenn diese die guten Sitten verletzen.
Innenpolitisch besorgt das die Polizei,
von außen wären sie ohne Soldaten vogelfrei.
In Kuwait ist es kürzlich so geschehen,
prompt hatten die Schweres durchzustehen.

Der Mensch in seiner Unersättlichkeit
verschafft sich selbst mit Krieg viel Leid,
denn nach dem Blutvergießen,
lässt sich eigentlich kein Sieg genießen.
Die Sintflut war ein Vernichtungskrieg,
ohne Erfolg und deshalb ohne Sieg.

Solange uns kein Erdenstaat polizeilich schützt
und jeder Staat noch eine Streitmacht besitzt,
wird es leider immer Mächte geben,
die ihren Vorteil mit Gewalt anstreben.

Wir, die wir den Krieg so hassen,
müssen uns nun fragen lassen,
wie wir Recht und Freiheit wahren,
wenn wir nur gewaltlos verfahren.

Maßlose Kreativität

Kreativität liegt dem Menschen im Blut,
leider ist sie auch für Schädliches gut.
Wir erleben sie in schillernder Gestalt
als Mittel zum Komfort bis zur Gewalt.

Das Auto uns zusammenführt,
der Panzer Gewalt demonstriert.
Arbeitsplätze macht sie überflüssig,
soziale Gefüge werden rissig.

Sollen wir die Gentechnik nützen,
eine Pflanze gegen das Gift zu schützen,
das alle übrigen vernichtet,
ohne zu wissen, was man sonst anrichtet?

Technik, die unser Leben so versüßt,
in ihrer Natur unmäßig ist.
Ihr fällt stets etwas Besseres ein,
sie möchte doch vollkommen sein.

Viele Kreationen aus Hollywood
machen Individuelles kaputt.
Kreativität, vom Kapital beflügelt,
das Schicksal alter Kulturen besiegelt.

Wenn wir die Gefahren betonen,
die der Kreativität innewohnen,
wollen wir sie nicht verteufeln
und ängstliche Bedenken anhäufeln.

Doch wann wir kritisch sein müssen
ist abhängig von einem Gewissen,
das Negatives rechtzeitig spürt,
hier den Fortschritt, der ins Abseits führt.

Dann ist kritische Betrachtung gefragt
auch wenn es vielen nicht behagt,
 denn mit Maßlosigkeit jeder Art
bleibt uns Unheil nie erspart.

Energieaspekte

Öl ist der weitaus größte Energielieferant,
jetzt haben wir es bereits zur Hälfte verbrannt.
Das Öl wird nun knapper von Jahr zu Jahr,
der Verbrauch aber größer als er je war.
Wir haben es zu lange zu billig gekriegt,
nun eine Energiewende vor uns liegt.

Die Preise werden sich nach oben schrauben,
nur will das heute kein Politiker glauben,
denn verteuert sich die Energie,
stört das die Wirtschaftsharmonie.

Dem steht kein Mehrwert gegenüber,
das zwingt die Wirtschaft ins Wechselfieber:
Es treibt uns alle ins Verzichten,
es wird Existenzen vernichten
und Vermögen weltweit umschichten.

Mit diesen drohenden Veränderungen
sind wir zu schnellem Handeln gezwungen.

Die Sonnenenergie wird auf den Weg gebracht,
dazu gehört auch Strom, aus Wind gemacht.
Vielleicht wird auch der Strom von Atomen
trotz aller Gefahren wieder kommen.

Neue Technologien werden entstehen,
alten wird Gegenwind um die Nase wehen.
Den haben die Umweltschützer im Rücken,
wird uns am Ende die Wende entzücken?

Wenn wir uns energisch aufraffen,
ist das alles rechtzeitig zu schaffen.
Nehmen wir uns aber zuviel Zeit,
führt das in islamische Abhängigkeit:
Die Sonnenenergie aus den Wüsten
wir sicher teuer bezahlen müssten.

Genlotto

Endlich ist es soweit gekommen:
Wir haben die Evolution übernommen!
Was bisher unbekannten Kräften gelang,
jetzt verbessern wir den Genomstrang.

DNS wird geknackt und ausgetauscht,
die Virenfähre durch die Adern rauscht.
Genmargarine hilft gegen Herzinfarkt,
Mausintelligenz per Genaustausch erstarkt.

Schädliches wird eliminiert
und mehr Ware produziert.
Das Aussehen wird verbessert,
der Geschmack verwässert.

Mit Klonen wird die Machbarkeit gekrönt,
wobei man sich nach tückische Fallen sehnt,
denn machen wir alle Genome gleich,
betreten wir einen Bereich,
den die Natur vermieden hat.
Inzucht findet in ihr nicht statt.

Im Verhältnis von eins zu einer Million
beschleunigen wir die Evolution

Was er möglicherweise verschlimmert,
darum sich der Mensch weniger kümmert.
Liefe wirklich einmal etwas schlecht,
rückte es Intelligenz schon wieder zurecht.

Nur der Mensch steht noch im Tabu,
doch das kann sich ändern im Nu,
denn sobald sich etwas als machbar erweist,
machen es die Menschen auch meist.

Gentechnik noch dem Lottospiel gleicht:
Unsicher ist es, ob man Gutes erreicht.
Erst wenn wir hinter die Phänomene blicken,
dürfen wir beginnen Gene zu verrücken.

Kultur on Air

Ein höherer Lebensstandard ist anstrengend,
das wirkt auf das geistige Leben einengend.
Man will sich nach dem Stress nur noch erholen
beim Konsum von Seichtem und Räuberpistolen.

Am einfachsten kann das geschehen
Chips knabbernd beim Fernsehen.
Nur die Macher trifft ein böses Geschick:
Ihnen sitzt die Quote fest im Genick.

Die Zahl der Zuschauer steuert den Fleiß,
sie bestimmt den Werbesekundenpreis.
Kommerz diktiert den Geist der Stunde,
kulturelles Niveau geht vor die Hunde.

Geschäftsinteresse und Kultur
sind sich wesensfremd in ihrer Natur.
Verbindet man die beiden,
muss kulturelle Qualität darunter leiden.

Was die Sache noch verschlimmert,
Europas Musen sind verkümmert.
Einheitsbrei aus USA floriert,
europäisches Gedankengut erfriert.

Die Gebildeten von früher sind fast ausgerottet,
anspruchsvolle Themen durchwegs eingemottet.
Darunter leiden Bücher, Theater und Musik,
hier zählt die Ware für den Augenblick.

Kunst und Kultur formen Persönlichkeiten,
die für mehr als Mammon arbeiten.
Ein Land, das diese Spezies nicht mehr hat,
verarmt im kulturellen Hochverrat.

Massenemotionen

Der Einzelne braucht seine Emotionen,
er lebt sie aus, soll sich das Leben lohnen.
Sollten sie einmal überschäumen,
wird die Vernunft sie meistens zäumen.

Dagegen ist die Emotion von Massen
gänzlich anders aufzufassen.
Hat sie genügend Leute ergriffen,
dann wird auf den Verstand gepfiffen.

Aufbruchstimmung, Fußballsieg,
Verheißung und heiliger Krieg,
Ängste oder Unzufriedenheit
zeigen dies in großer Deutlichkeit.

Werden dann Reizschwellen überrannt,
ist Sachkenntnis völlig uninteressant.
Ob Fakt oder Fiktion ist dann egal,
nun braucht die Masse ein Fanal.

Einmal in solchen Zustand gekommen,
von Führern an die Hand genommen,
werden die bis dahin Schwachen
ungekannte Leidenschaft entfachen.

Anscheinend unüberwindlich,
ist Macht doch empfindlich
gegen breite emotionale Erregung,
konzentriert in einer Volksbewegung.

Das führt meist zu einem blutigen Ende,
glücklicherweise nicht bei unserer Wende.
Eine brennende Lunte wurde erstickt –
mit brennenden Kerzen ist es geglückt!

So können Emotionen Knoten zerschlagen,
an denen politische Künste versagen.

Studentenstreik 97
Den Studenten gewidmet

Die Wirtschaft klopft an der Alma-Mater-Tür,
es droht die Einführung einer Hörergebühr,
das BAFöG wird vielleicht verschlankt.
Weshalb ihr mit dem Staate zankt.

Die Politik ist ganz auf eurer Seite,
damit verdeckt sie die große Pleite
von fünfzig Jahre Bildungspolitik.
Ein zukunftsschädlicher Trick!

Warum wird bei uns am längsten studiert,
die Diplome nicht in allen Ländern akzeptiert?
Die Lehre ist auf breiter Front unterentwickelt,
ein interfakultatives Studium äußerst verwickelt!

Die deutsche Universität ist nicht mehr begehrt,
ihr ehemals guter Ruf ist schwer versehrt.
Sie ist von überholter Tradition geprägt
und hat sich satt ins Mittelfeld gelegt.

Das System, verhornt und verkrustet,
nach jeder Reform stärker hustet.
Es ist eine behördliche Unkultur,
resistent gegen jede sanfte Kur.
Gegen die hilft nur noch sanfte Gewalt,
Streik in verfassungsgemäßer Gestalt!

Eure Ziele sind der Krise nicht angemessen,
ihr streikt nur für Kurzzeit-Interessen.
Es ist eure Zukunft, die auf dem Spiele steht,
kämpft für eine zeitgemäße Universität.

Agenda 21

Der soziale Organismus immer stärker krankt,
weil die Balance seiner Teile schwankt.
Die sind ständigen Veränderungen ausgesetzt,
was mühsam erreichtes Gleichgewicht verletzt.

Politik und Wirtschaft gehen ihre Wege
und kommen sich schon ins Gehege.
Zweitausend Jahre alt ist unser Recht,
es regelt unser Handeln nur noch schlecht.
Was der Geist als notwendig ansieht,
daraus der Staat kaum Konsequenzen zieht.

Was wir uns und dem Globus zumuten,
wird unsere Enkel mit Problemen überfluten.
 Diese Untat wird vom Recht nicht erfasst,
obwohl sie in die Klasse der Verbrechen passt.

Was wir für den Umweltschutz empfinden,
muss sich mehr auf Recht und Ethik gründen.
Die AGENDA 21 ist dazu ein Instrument,
lokale Schwächen macht sie transparent.

Zusammenhänge werden erschlossen,
kreatives Denken wird angestoßen.
Sie entdeckt auch Umweltsünden.
Das alles stärkt ein neues Rechtsempfinden.

Das kann keiner aus dem Ärmel schütteln,
an alten Prinzipien muss man länger rütteln,
wenn etwa ein gestriger Gemeinderat,
eine spürbare Bremse gezogen hat.

Aber in jeder Gemeinde
hat die Agenda Freunde.
Die werden weltweit nicht ruh'n,
um für den Globus Gutes zu tun,
denn wir können es drehen oder wenden,
die Zukunft liegt in unseren Händen.

Die Krise

Die Parteien stehen im Grabenkrieg,
keine weicht vor der anderen zurück,
Interesse am Land scheint kaum vorhanden,
parteiliche Taktik macht vieles zuschanden.

Das erinnert an die erste Republik,
noch ohne Radikale im Genick.
Die wittern immer dort Morgenluft,
wo politisches Wollen im Zwist verpufft.

Die Wirtschaft, mehrfach überlastet
nach Überlebensstrategien tastet.
Das ist noch lange nicht alles:
Der Euro, die Mafia und Globales,
Renten, Bildung und Arbeitslose. -
Die Probleme wachsen ins Uferlose.

Bonn, zu lange mit sich selbst befasst,
hat dabei die Möglichkeit verpasst
sich zu nachhaltigem Handeln aufzuraffen,
um ein gedeihliches Umfeld zu schaffen.

Es hat sich der Weltpolitik verschworen
und darüber den Kontakt mit uns verloren.
Es muß weit mehr geschehen,
als nur Steuern zu erhöhen!

Wunschträume, gezeugt von Ignoranz,
gefährden lebenswichtige Substanz.
Fundiertes Wissen, deutlich verkündet,
in der Politik kaum Berücksichtigung findet.

Druck brächte die Regierung zu besserem Tun,
gegen Vernunft ist sie anscheinend immun.
Mit bundesweiten Volksbegehren
könnten wir uns stärker wehren,
aber die Abwehrfront ist dicht:
Das erlaubt die Verfassung nicht.

Volksparteien

Es lassen sich die zwei Volksparteien,
würden sie sich von Dogmen befreien,
von ähnlichen Motiven bestimmen,
selbst wenn sie sich treten und krümmen.
Nur über das WIE man heftig streitet
und dabei ins Doktrinäre abgleitet.

Für die eine sind wir chancengleich,
die andere stellt arm gegen reich.
Beide wollen Steuern umschichten
und immer sollen alle weniger entrichten!

Geht es der Wirtschaft gut, dann auch allen,
solche Rede hat der einen gut gefallen.
Für die and're soll die Menge mehr bekommen,
dafür gehört den Reichen etwas abgenommen!
Die einen lassen die Bäume wachsen und blühen,
die anderen geschütztes Spalierobst vorziehen.

Ein Wechsel lief nie ohne Verbündete,
was Kompromisse begründete,
die von dem, was einst verhießen,
nur Mittelmäßiges übrig ließen.

Dazu kommt das Thema Volk und Verbände:
Wer sitzt denn am längeren Hebelende?
Die, welche einmal in vier Jahren wählen,
oder solche, die euch beide täglich quälen?

Solcher Druck ist ein schlechter Vater
und Doktrinen sind problematische Berater.
Viele politische Entscheidungen.
sind deshalb schon oft mißlungen.

Wählerfang

Will einer eine Wahl gewinnen,
muss er spezielles Garn verspinnen,
welches das Emotionelle anspricht.
Details interessieren die Menge nicht.

Herr Jedermann nur das vernimmt,
was sichtbar an der Oberfläche schwimmt.
Er, versorgt mit erregenden Schlagzeilen,
ist gewohnt Alles und Jedes zu beurteilen.

Schwarz erwäge Autobahn-Vignetten,
das Sozialsystem sei nicht zu retten,
die Roten zeigten Lust am Untergang
und komponierten ihren eig'nen Abgesang.

Mit solchen unbewiesenen Parolen,
man muß sie nur oft genug wiederholen,
wird die Mehrheit unversehens verloren,
und bisher unbekannte Sympathie geboren.
Die Menge treibt durch Wechselbäder,
die Sache gerät unter die Räder.

Von dem ist man jetzt abgerückt,
man in zuversichtliche Gesichter blickt.
Das vereinfacht die Entscheidung sehr,
Vernunft braucht man nun keine mehr.
Helfende Szenarien werden negiert
man lieber einfach etwas ausprobiert.

Die an der Macht sind damit beschäftigt,
derweil sich ihre Gegenseite kräftigt.
Die an neuen Fangmethoden drechselt,
damit man bald die Pferde wechselt.

Wahlkampf 98

Jede Partei verfolgt ein Programm,
das wirkt wie ein schützender Damm,
hinter dem sich ihre Seele befindet,
die sich dort mit dem Willen verbindet.

Programme weithin zu verbreiten
lohnt nur wegen der Gescheiten.
Schlagworte reichen für den Rest,
der sich davon beeindrucken lässt.

Die, geschickt geformt von Agenturen,
zeichnen im Unbewussten tiefe Spuren.
Wenn der Mächtige im Wahlkampf spricht,
wirken sie mit hohem Gewicht.

Der eine strahlt vor Siegessicherheit,
der andere mit ätzender Kritik überzeugt,
der nächste mit jugendlichem Elan gewinnt,
der letzte populistisch Opportunes spinnt.

Auch die Persönlichkeit die Stimmung hebt,
wenn sich Charisma mit Vertrauen verwebt,
wenn klare Konturen verschwimmen,
dann sprudelt die Quelle für Wählerstimmen.
So wird uns die Möglichkeit genommen,
zu einer fundierten Meinung zu kommen.

Warum wird so wenig an der Sache festgemacht?
Damit würde doch viel mehr vollbracht!
Die Spitzenleute sollten miteinander streiten
über alle wichtigen Gegebenheiten.
So zeigten sie ein volleres Profil,
und jeder wüsste besser, wen er wählen will.

Wählerbetrug

Dieser Begriff in letzter Zeit entstand
und wird auch leider häufig angewandt.

Vor jeder Wahl wird viel versprochen
und hinterher das Versprechen gebrochen.
Es ist nicht die Lust am Betrügen,
die Ursache wird vermutlich tiefer liegen.

Beispielhaft ist das Rentensystem:
Seine Schieflage ist unstreitig extrem,
seit der jetzige Generationenvertrag
der demographischen Entwicklung erlag.

Wie sich die Mächtigen nun entscheiden,
immer müssen die Rentner leiden.
Solches, vor der Wahl verkündet,
offensichtlich in eine Niederlage mündet.

Obwohl der Sieger von der Sache wusste,
er deshalb das Volk belügen mußte.
Glaubwürdigkeit hin oder her,
Handlungsfreiheit zählt einfach mehr.
Der Sieger setzt eben auf baldiges Vergessen
und handelt nach sachlichem Ermessen.

Der Verlierer nun wieder verliert,
weil er nicht überzeugend opponiert,
wenn die Sieger Beschlüsse fassen,
die zu seiner früheren Aussage passen.

Kann man wirklich nur mit Lüge und List
ändern, was ehrlich nicht zu ändern ist?

Parteispenden

Wer seine Zeit oder gar sein Geld
anderen zur freien Verfügung stellt,
ganz gleich wie sie's verwenden,
dann nennt man dieses: spenden.

Der Staat sich dabei nicht bereichert,
weil er dafür die Steuerpflicht erleichtert.
Das stärkt den Hang zur Nächstenliebe,
weckt jedoch noch weitere Motive.

Wenn man nur entkommt dem Steuersumpf,
wird aus dem Opfer ein begehrter Trumpf,
ist der Empfänger nur bereit
zu gegenleistender Gefälligkeit.

Das gilt in hohem Maße für Parteien,
die ihr Ohr Interessengruppen leihen.
Wir haben uns schon so daran gewöhnt,
dass kaum einer über solche Spende stöhnt.

Zu den Parteien müssten doch mehr Leute laufen,
die mit keiner Lobbyspende sind zu kaufen.
denn wer sich vor dem Spender nicht verbeugt,
mit seinen eigenen Ideen besser überzeugt.

Spenden sind schon gut und schön,
nur muss man auch den Spender seh'n.
Darum sind mir die privaten Spenden lieber,
als die der Lobby, kombiniert mit einem Stüber.

Nach dem Wechsel
Den Siegern gewidmet

Viele hatten die alten Gesichter satt,
auch deshalb fand der Wechsel statt,
denn die vor Euch waren nicht so schlecht.
Ihr so griffig besser machen versprecht.
Aber mit der harten Realität im Blick
tritt Utopisches schweigend zurück.

Auch Ihr wollt Steuern umschichten
und keine Person soll mehr entrichten!
Mit Steuerschlupflöcher-Schließen
lassen sich kapitale Böcke schießen.

Ihr müsst mit neuen Gesetzen beginnen,
dem können wir wohl nicht entrinnen.
Damit pflegt auch Ihr den alten Stil,
der Gesetze sind schon jetzt zuviel.

Doch 84 000 sind schon vorhanden
das macht Handlungsfreiheit zu Schanden,
Das allerdings nach Reformen schreit,
nur war dazu bisher noch keiner bereit.

Eher werdet Ihr sogar Lücken entdecken,
und diese hinter neuen Gesetzen verstecken,
als die Zahl der alten zu vermindern,
die unser Leben weithin behindern.

Bringt neue Rahmenbedingungen ins Haus,
macht Optimales für das Land daraus.
Nur befasst Euch mit dem Bild genauer,
bevor Ihr beginnt als Rahmenbauer.

Yin und Yang

Die Frau wurde dem Manne gegeben,
sollte sie auch unter seiner Führung leben?
Sie war weitgehend von ihm abhängig,
ihr Verhalten dementsprechend untertänig.

Sie hat aber Strategien ausgeheckt,
die Adam meist zu spät entdeckt:
Ich sehe da Beharrlichkeit und List,
was schon bei Eva sichtbar geworden ist.

Trotzdem stützte humanistische Tradition
fest entschlossen den männlichen Thron.
Schon Paulus sprach unverhohlen das Wort
vom Schweigen der Frau am öffentlichen Ort,
denn in der Politik sollten die Frauen
den Männern nicht auf die Finger schauen.

Lange Zeit waren die Männer dominant,
hat uns deshalb der Fortschritt überrannt?
Aggressive Politik und unkontrollierte Macht
haben der Menschheit viel Leid gebracht.

Anstelle von Aggression trete Bewahren,
dann würden wir zukunftssicherer fahren.
Damit schlägt die politische Stunde der Frauen,
die mehr auf Bewahren und Schützen vertrauen.

Yin muss mehr Einfluss auf Yang gewinnen,
sie müssen gemeinsam die Politik bestimmen,
da die kreative Spannung zwischen Yin und Yang
bei deren Gleichgewicht am besten wirken kann.
Würden wir dann neue Wege beschreiten,
ohne Globus und Menschen auszubeuten?

Apokalypse

Eine wird bereits in der Bibel beschrieben
und wer von den Strafen verschont geblieben.
Die Menschheit in ihr nicht untergeht,
sondern ihr gerechter Teil überlebt.

Heute pflegt der Mensch eine andere Kultur,
er mißhandelt und mißbraucht die Natur.
Die freilich bereitet den Gegenschlag schon vor,
nur bewirkt der mehr als ein feuriger Meteor.

Um steigende Verschmutzung sich keiner schert,
obwohl die Menschheit sich laufend vermehrt.
Ressourcen, wie Luft oder Wasser, werden knapp,
unsere Macht nimmt zu, aber die Machbarkeit ab.

Das alles kümmert die Regierungen wenig,
bei denen ist der umworbene Wähler König.
Weltweiter Konsens wäre notwendig,
für den fühlt sich keine zuständig.
So wird einmal in apokalyptischen Dimensionen
die Natur nur wenige Menschen verschonen.

Es sei denn, dass sich die Menschheit besinnt,
weil alle souveränen Länder am Ende sind.
Gemeinsam bilden sie den Erdenstaat,
der eine beispiellose Verfassung hat.

Sie enthält neuartige Maximen,
die wesentlich dem Überleben dienen.
Ohne erweiterte Ethik geht es nicht,
auch nicht ohne einsichtigen Verzicht.
Wachstum und Vergehen sind stabil,
Frieden für alles Lebende das Ziel.

Nennt dies nur Unsinn, liebe Leidenskollegen,
denn vermutlich wird sich nichts bewegen.
Warten wir weiter, bis sich die Apokalypse erfüllt,
zwingend und u n e r m e s s l i c h wild.

Kollektivschuld

Kollektive wurden schon oft schuldig gesprochen,
hatten Menschen gemeinsam das Recht gebrochen.
Verschwörer, Putschisten und Piraten
sind kollektiv an ihre Richter geraten.
Mit der Vollstreckung war die Sache erledigt,
hatten sie auch noch so viele geschädigt.

Hat ein Staat ein Unrecht begangen,
kann sein Bürger Schadenersatz verlangen.
Hat er einem Volk Unrecht getan,
wem hängt dann die Schuldenlast an?

Hier setzten Mächtige das Recht außer Kraft,
entfesselten Habgier und Gewaltherrschaft.
Die entfachten in bisher friedlichen Bürgern
Eigenschaften von blutgierigen Würgern.

Die Rechtsbrecher kann man danach verurteilen,
was ist, wenn die Täter nicht mehr hier weilen?
Sind dann die später geborenen mit Schuld beladen,
weil ihre Väter auf Befehl gemordet haben?

Geblieben ist nur der Staat,
der weiter die Folgen zu tragen hat.
Für mich macht dessen Erblast Sinn,
auch wenn ich kein Täter bin.
Völker auf Dauer kollektivschuldig sprechen,
würde deren Versöhnungswillen schwächen.

Völkermorde waren schon oft zu beklagen,
sie geschahen schon in alttestamentarischen Tagen.
Indianer, Maoris und Neger
sind auch potente Ankläger.

Alte Schuld anerkennen und neue verhindern
wird die Schmerzen vergangener lindern
und das Risiko neuer vermindern.

Das Individuum

Es ist der Menschheit kleinstes Element,
obwohl man von ihm keine Gleichen kennt.
Jedes lebt auf seine ganz spezielle Art,
Eigenständigkeit macht ihn apart.
Die Gesellschaft dies als hinderlich ansieht,
und zu konformem Verhalten erzieht.

Eltern, Schule, ja sogar das Militär,
auch Parteien bemühen sich sehr
die Jungen so zurechtzustutzen,
dass sie der Gemeinschaft nutzen.

Das muss Widerstand anregen,
denn das Individuelle steht dagegen.
Es will sein eigenes Selbst bewahren,
um sein Leben selber zu erfahren.

Sucht es auch nach eigenen Wegen,
nur in Gemeinschaft ist es überlegen.
Sein Leben ist Teilnahme und Teilhabe,
daraus entsteht die individuelle Gabe
die Erfordernisse seiner Zeit zu erfassen.
Erst danach beginnt sein Tun und Lassen.

Jede Zeit nach solchen Menschen verlangt,
denen vor eigenem Denken nicht bangt,
denn im Widerspruch keimt jene Kraft,
die aus Gewohntem neue Perspektiven schafft.

Allerdings beweist das Leben täglich,
zu viel des Guten ist schlicht unverträglich:
Individualität, die jede Regel bricht,
taugt für unsere Gesellschaft nicht.

Die Größe eines jeden Individuums
wächst mit dem Segen seines Tuns.
So trennen sich am Tun die Geister:
Nur der Kluge bringt's zum Meister.

Wissen und Können

Schon die Kinder sollen ständig versuchen,
viel zu verschlingen vom Wissenskuchen.
Denn nur, wenn sie davon viel verzehren,
könnten sie sich später selber ernähren.
Der Erfolg wird mit Noten beschrieben,
gut sind sie, wenn viel hängen geblieben.

Bei der Siebung zu gewissen Studiengängen
bleiben nur die dicken Kuchenesser hängen.
Doch Wissen ist für sich noch keine Macht,
erst mit Können wird Großes vollbracht!

Im Leben ist doch mehr im Spiel,
jede Aufgabe fordert ihr eigenes Profil:
Handel, Recht und Politik,
Unternehmerschaft und Zeitkritik.
Dazu wird Wissen gezielt erworben,
auch das ist ohne Praxis bald verdorben.

Zum Können gehört noch mehr
und das macht den Erfolg so schwer:
Menschenkenntnis und Entscheidungskraft,
Gefühl, Riecher und Leidenschaft.

Die sind nicht jedem gegeben,
aber wichtig ist dieses im Leben:
Dem eigenen Verstand vertrauen
und darauf mutig Urteile bauen.

Verformt Euch nicht zur Datenbank,
unverdautes Wissen stärkt den Hang,
Entscheidungen hinauszuziehen,
statt sich um das Wesentliche zu bemühen.

Zukünftiges liegt immer im Ungewissen,
mit diesem Risiko wir leben müssen.
Nur vor dem, der Können zeigt,
sich später mal die Welt verneigt.

Muße

Gibt es sie im Freizeitparadies
mit perfektem Kundenservice?
Unterhaltung gibt es ohne Pause,
dort ist die Muße nicht zu Hause.

Muße verträgt sich mit Eile und Hetze nicht,
sie wird verjagt durch drängende Pflicht.
Sie ist der Fremdbestimmung erklärter Feind,
sie aber auch bloßes Nichtstun verneint.

Mit Muße können wir dem Muss entrinnen,
um uns auf Wesentliches zu besinnen,
sei es durch Denken oder meditieren,
ohne Druck, ohne zu pressieren.

Muße seh' ich als Geschenk der Musen an,
die waren dem Erhabenen zugetan.
Muße steht deshalb bei den Musen in Gunst,
sie ist unentbehrlich beim Schaffen von Kunst.
Sie lässt von der Freiheit des Menschen kosten,
unabhängig von verpflichtenden Posten.

Alle, ohne Zeit für solche Muße,
zahlen schlechthin eine hohe Buße,
wenn sie sich auf modernen Galeeren
in geschäftiger Hektik verzehren.

Muße hat mit Müßiggang nichts gemein,
sie will immer wieder fruchtbar sein.
Den macht sie glücklich, der im Wechselspiel
zwischen Schaffen und musischem Asyl,
seinen Lebensrhythmus hat gefunden,
ab und zu erlebend Sternenstunden.

Fremd bestimmt

Wenn wir uns zu etwas verpflichten,
müssen wir auf anderes verzichten.
So ist der Arbeitende fremd bestimmt,
solange ihn sein Job in Anspruch nimmt.

Das nehmen viele gern in Kauf,
denn hört es mit der Arbeit auf,
fühlt er sich eines Privilegs beraubt,
was er vorher nicht so recht geglaubt.

Nun hat der Tag kaum noch Struktur.
Was macht er mit der Freizeit pur?
Wird er von Mini-Impulsen getrieben,
weiß er nicht wo seine Zeit geblieben.

Die Fremdbestimmung hat ihn im Griffe,
wieder hört er auf fremde Pfiffe,
findet im Leben keinen rechten Sinn,
lebt ohne Ziel und Konzept dahin.

Seine Zeit ist wie ein Kinderluftballon,
ohne feste Hand fliegt sie davon.

Wollen wir dieses Joch abschütteln,
müssen wir an unserer Trägheit rütteln,
uns zu eigenem Tun entschließen
und Erfolgserlebnisse genießen.

Erfüllte Muße oder ein Ehrenamt
sind thematisch so weit gespannt,
dass jeder eine Beschäftigung findet,
auf die sich seine Lebensfreude gründet.

Wer es schafft sich dazu aufzuraffen,
wird sich neue Lebensfreude schaffen,
sich endlich selbst bestimmen
und damit das Beste gewinnen.

Über den Charakter

Tieren, Städten und Landschaften
wir einen Charakter anhaften.
Aus ihrer typischen Erscheinung
bilden wir uns eine Meinung.
Bei uns ist die Sache komplizierter,
Wollen und Handeln sind differenzierter,

Die Intelligenz ist unsere Stärke,
geht sie beim Charakter zu Werke,
kann sie ihn stärken oder schwächen,
also Eingeprägtes stützen oder brechen.

Auch mit heftigen Gefühlen
lässt er sich unterwühlen.
Ein starker wird davon weniger berührt,
andere werden auf Abwege geführt.

Das Umfeld ist auch zu erwähnen,
etwa bei Schiffsuntergangs-Szenen,
wenn manches Charakterbild zerbricht,
um zu retten seines Besitzers Lebenslicht.

Eigenarten, anerzogen oder angeboren
gehen unter Stress mitunter verloren.
Ein fester Charakter widersteht dem länger,
die Toleranzbreite des schwachen ist enger.

Ist der uns so wichtige Charakter
vielleicht als Begriff eher abstrakter?
Welcher Teil ist vom Genom fixiert
und welcher intellektuell konditioniert?

Der erste den freien Willen beschränkt,
der zweite aber denkabhängig lenkt.
Können wir uns voll auf ihn verlassen
oder werden wir uns immer wieder anpassen?

Übertriebener Egoismus

Die Moralisten ihn verpönen,
Sozialarbeiter über ihn stöhnen.
Viele sind an ihn gewohnt,
im Wirtschaftsleben wird er belohnt.

Jede Lobby ist ein Störenfried,
der uns viel Ungemach beschied,
wenn im Kampf für ein Sonderstatut
Gruppenegoismus forderte seinen Tribut.

Unser Leben gleicht einem Nullsummenspiel,
was einer verliert, hat der andere zu viel.
Die Vernunft war bisher nicht die Kraft,
die ausgleichende Gerechtigkeit schafft.

Die großen Probleme unserer Zeit
beruhen auf Unvernünftigkeit.
Hier steht der Mensch sich selbst im Weg.
Mehr Klugheit gäbe ihm das Privileg
seine Selbstsucht zu überwinden,
um aus seiner Falle herauszufinden.

Würde mit eigenständigem Denken,
die Vernunft alles zum Guten lenken?

Diese Idee der Aufklärung
litt jedoch bald an Auszehrung,
denn wo Emotionen ausufern,
 werden sie Vernunft überwuchern.

Im Kopf muss eben mehr passieren,
um den Egoismus zu kupieren.
Baut einmal das Spirituelle
die ihn eindämmenden Wälle?

Sollte uns das schließlich nicht gelingen,
könnte er uns vermutlich umbringen.

Partnerschaft

Der Starke ist am mächtigsten allein,
das Schillerwort mag häufig richtig sein,
nur stehen Menschen mit solcher Natur
ein Leben lang auf einsamer Flur.

Zu Partnerschaften sind wir eher bereit,
es lebt sich einfach schöner zu zweit.
Das heißt aber auch, dass man alles teilt,
was das Paar im Lauf der Zeit ereilt.

Als vor wenigen Jahrzehnten
sich die Konventionen dehnten,
entstand ein neuer Zusammenhang
zwischen Gleichberechtigung und Singledrang.

Man kann auch ohne Ehe zusammenleben
ohne ständig aneinander zu kleben!
Im Beruf getrennt und sonst vereint,
dies vielen als Ideal erscheint.

Sind auch ausgewogen Yin und Yang
im partnerschaftlichen Zusammenklang,
dann lässt sich in den nächsten Jahren
frühe Ehehaft und Geld ersparen.
Bleibt dieser Bund auf Dauer kinderlos,
dann ist's wie Sauerbraten ohne Soß'.

Der Wunsch nach Kindern oder ihr Erscheinen
ist ein Härtetest für die Beziehungsleinen.
Nun heißt es, eine Familie zu gründen
oder einen anderen Partner zu finden.

Im ersten Fall hat die Natur gesiegt:
Der Nachwuchs in der Wiege liegt.
Jetzt läuft alles in ruhigeren Bahnen,
was später kommt, kann niemand ahnen.
Eine Ehe ist immer bedroht.
Längst nicht alle scheidet der Tod.

Verschiedene Lieben

Ist ein Mensch vom Liebestrieb erfüllt,
ihm das Glück aus allen Poren quillt.
Solche Liebe kann sehr schnell entstehen,
und ebenso zu kalter Asche vergehen.

Die aufregensten Umtriebe
verursacht die persönliche Liebe.
Sie ist nur echt, wenn frei von Begierde,
Selbstlosigkeit ist ihre höchste Zierde.

Sie nistet sich ein in zwei Personen,
um vorbehaltsfrei in ihnen zu wohnen.
Mit Vernunft lässt sich das nicht klären,
die weilt in selbst geschaffenen Sphären.

Lebt Liebe nur in einer Person allein,
wird diese meist unglücklich sein.
Ist es aber Eigenliebe,
diese besser unterbliebe.

Ist sie mit Metaphysischem verwoben,
wird sie ins Unpersönliche gehoben,
denn jetzt wird das geliebt,
was es als Person nicht gibt.

Die Liebe zu Heimat und Vaterland
auch im Heldentod ihr Ende fand.
Die Liebe zur Wahrheit ist verpflichtend,
die zur Freiheit unter Umständen vernichtend.
Die absolute christliche Liebe
leidet gequetscht im Weltgetriebe.

Mit Liebe zügeln wir unsere Macht,
mit ihr wird nachhaltig Gutes vollbracht.
Das sollten wir auf keinen Fall vergessen,
bevor wir Kräfte miteinander messen.

Geheimnisse

Es ist ein Teil menschlicher Identität,
in uns zu bewahren, was nur uns angeht.
Das gehört zu unseren Bedürfnissen:
Es soll nicht jeder alles von uns wissen.

Nun ist es eine menschliche Eigenart,
dass man sich in Liebe vorbehaltlos offenbart.
Es ist, als ob wir unsere Gefühle prüften,
wenn wir ureigene Geheimnisse lüften.

Diese sind von Natur aus behütet,
die Lüftung anderer man streng verbietet,
denn sie besitzen die Eigenschaft
unwiderstehlicher Ausstrahlungskraft.

Sie diffundieren durch kleinste Ritzen,
um blitzartig davonzuflitzen.
Sei es Sexuelles oder Bestechungsskandal,
Kommerzielles oder Steuermoral.
Von Reportern zur Strecke gebracht,
kommen sie ans Licht in voller Pracht.

Geheimnisse Überlegenheit versprechen,
Geheimdienste versuchen sie aufzubrechen.
Sind sie wahr oder vielleicht getürkt?
Bei solcher Frage man schon mal irrt.
Was denen aber misslingt bei ihren Taten,
dieses Geheimnis werden sie nie verraten.

Das Gegenteil sagt man von Frauen:
Ihnen sei nichts Geheimes anzuvertrauen.
Dabei wären sie doch ohne uninteressant,
würde es unglücklicherweise bekannt.

Geheimnisse sind wohl ein Lebenselixier,
sie gestatten jedem seine eigene Kür.
Ob wir sie behalten oder nicht,
für unsere Beziehungen hat es Gewicht.

Übertreibungen

Ikarus, bekannt durch sein Fliegen,
hat im Höhenrausch übertrieben.

Der Geist reist leicht durch Zeit und Raum,
wir erleben das nicht nur im Traum.
Wenn wir das Wollen ähnlich erweitern,
werden wir wie Ikarus scheitern.

Wollen haben wir dem Denken zu verdanken,
die Vernunft hält dieses meist in Schranken.
Nur scheint Übertreiben in uns zu liegen,
das Wollen, immer Maximales zu kriegen.

Das kann das Beste oder sonst was sein,
möglichst mit dem Schönsten im Verein,
denn Superlative sind mit Prestige verkoppelt,
 was das Ansehen ihrer Besitzer verdoppelt.

Dabei ist das Beste nicht beständig
und das Schönste schnell vergänglich.
Trotzdem wird es dabei bleiben,
dass wir immer wieder übertreiben.

Dauerndes Streben nach Superlativen,
verschleißt die übertreibenden Aktiven.
denn Extremes ist von Natur aus instabil,
nur für kürzere Zeit ein lohnendes Ziel.

Dann und wann vor Extremen erzittern
in ungeahnten Gefühlsgewittern,
trägt uns weit in unbekannte Höhen,
lässt uns über Grenzen sehen.

Wer danach wieder festen Boden findet,
Glück und Lebensfreude an sich bindet.

Gewöhnung

Kann er nichts ändern an seinen Leiden,
dann wird der Kluge sich entscheiden
dieses für sich zu verbrämen
und sich an seine Crux gewöhnen.

Das ist nicht nur das Wetter unserer Breiten,
es gibt leider viele Unannehmlichkeiten:

Der Partner zeigt nicht immer Angenehmes,
die Arbeit bietet viel zu wenig Schönes,
ständig lauter wird's in unserem Ort,
im Körper zwickt es hier und dort,
die Kunst wird schwerer verdaulich
und das Leben ist oft nicht erbaulich.

Da wirkt Gewöhnung wie Medizin.
Sie stärkt uns in dem Bemüh'n
trotz allem ruhig zu leben,
mag es auch Besseres geben.

Gegen andere müssen wir uns wehren,
ihnen ist der Krieg zu erklären:
Beschränkungen der Bürgerrechte,
undurchdringliche Mafiageflechte,
Schlechtes Benehmen und rüder Ton
und Fremdbestimmung unserer Person.

Aber auch davor sollten wir uns hüten,
zuviel Gewöhnung treibt gefährliche Blüten.
Ihr Duft macht schwerfällig und blind
für Ideen, die weiterführend sind.

Solche erkennend und dadurch erstaunt,
werden wir unvermeidlich gut gelaunt.
Denn besser als über das Leben zu stöhnen,
ist es sich an sein Verbessern zu gewöhnen.

Sport

Schon immer war den Wirbeltieren zu eigen
Geschicklichkeit und Stärke zu zeigen.
Die Jungen haben Freude am Raufen,
Menschen müssen um die Wette laufen.

Die messen sich in einem fort,
nach Regeln - und das ist dann Sport.
Früher wurden damit die Götter geehrt,
heute ist er dem Sponsor geldwert.

Einst betrieb den Sport die Oberklasse,
jetzt beschäftigt er die breite Masse.
Ihr Produktbedarf ist riesig groß,
Produktideen sprudeln pausenlos.

Mit teurer Kleidung und Geräten,
spezieller Nahrung für Athleten,
mit Kursen, Diensten und Transport
schafft Arbeitsplätze jeder Sport.

„Schneller" und „stärker" wurde zum Kult,
das fordert Härte und zielstrebige Geduld.
Der Sponsor nur die Besten verwöhnt,
denn nur dann wird er oft erwähnt.

Wer Sport zu seinem Beruf erwählt
und einmal zu den Besten zählt,
leuchtet als umjubelter Star –
aber vielleicht nur kurz für ein Jahr.

Hochleistung hier und Breite dort,
zwei Charaktere hat der Sport:
der eine bevorzugt die Stille,
der andere lebt vom Fan-Gebrülle.

Sport und Spaß, die sind ja ganz schön,
vergesst aber nicht des Kopfes Wohlergeh'n!
So bleibe Sport die schöne Nebensache,
damit er allen weiter Freude mache.

Riten

Sie laufen nach festgelegter Ordnung ab,
der man früher den Namen Rituale gab.
Nicht nur Gläubige auf sie schwören,
Riten zum täglichen Leben gehören.

Auch wir können darauf nicht verzichten,
denn Riten verbinden und verpflichten.
Sie wirken wohltuend auf unsere Psyche,
Beziehungen gingen ohne sie in die Brüche.
Zum Teil sind sie uns angeboren,
auf andere werden wir eingeschworen.

Wir finden sie in großer Zahl
in Politik und Partnerwahl.
Mit Ran und Drauf wird wenig erreicht,
mit Riten wird Widerstand aufgeweicht!

Gewerkschaften und Arbeitgeber
liegen sich regelmäßig auf der Leber.
Wenn sie sich mit Forderungen überbieten,
dann gehört das zu den gewohnten Riten.
Obwohl sie schließlich weniger kriegen,
sprechen beide nur von deutlichen Siegen.

In Kenntnis ritueller Gewohnheiten
lässt sich's unbefangener streiten.
Mit Verhaltensmustern ritueller Art,
wird auf beiden Seiten Energie gespart.

Riten Gleichgesinnte fest verbinden,
Gegner sich in ihnen zueinander finden.
Sie helfen in vielen Lebenslagen
auch im Lieben und Vertragen.

Doch Riten haben auch ihre Tücken:
Sie können Reformen ersticken,
wenn jede Seite in ihnen beharrt,
sodass jeder Neubeginn erstarrt.

Ruhm

Das permanente Nach-Ruhm-Streben
ist so alt wie das menschliche Leben.
Ruhm ist eben die schmale Gasse,
die herausführt aus der breiten Masse.

Er beruht auf herausragender Tat,
und weniger auf menschlichem Format.
Es erringt ihn der begnadete Dirigent
wie der Mann, der 400 Kilo stemmt.

Er ziert den Sänger eines Hits,
auch den Sieger von Austerlitz.
Die Toten sind längst vergessen,
dem Sieger wird er länger zugemessen.
Der Ruhm des Sportlers schnell verfällt,
wenn er die nächste Medaille nicht erhält.

Berühmten ist Autorität zu eigen,
als Werbeträger werden sie überzeugen.
Sonnenbrillen, vom Rennfahrer getragen,
werden andere Marken weit überragen.

Berühmtheit kann auch belasten,
wenn Reporter Privates antasten,
ans Licht zerren pikante Geschichten,
mit auflagesteigernden heißen Berichten.

Berühmte genießen Respekt,
ganz gleich, was in ihnen steckt.
Um sie bilden sich Kreise,
die verehren deren Art und Weise,
bewundern ihre starke Anziehungskraft,
ist ihr Ruf auch manchmal zweifelhaft.

Berühmtheit beruht - weniger auf Edelmut,
besondere Fähigkeiten - zu Narzissmus leiten.
Das allerdings begrenzt dem Ruhm:
Auf ihm siedelt selten wahres Menschentum.

Dummheit

Als die denkenden Wesen entstanden,
war mit ihnen die Dummheit vorhanden,
denn ist ihr Denken verschwommen,
wird sie oft zur Geltung kommen.

Ist sie durch Unwissenheit bestimmt,
durch Alter oder Trägheit bedingt,
will ich sie jetzt nicht länger beachten,
sondern nur die intelligente betrachten.

Man meint, man habe so schlau gedacht
und dann doch etwas Dummes gemacht:

Das Potenzial vom Gegenüber unterschätzt,
dafür sich selber keine Grenzen gesetzt.
Einen Eid geleistet und darauf vertraut,
dass einem keiner unter die Flügel schaut.

Die Prohibition war dumm ausgedacht,
sie hat den USA nur die Mafia eingebracht.
Deutschland die größte Dummheit beging,
als es den Krieg mit der Welt anfing.

Jene Volksverdummung auch hierher passt,
wo schlauer Geist die dummen Sprüche verfasst,
die uns überzeugen sollen,
das zu tun, was andere wollen.
Ich denke hier an Werbung jeder Art,
besonders solche, die mit Politik gepaart.

Auch die Großen jeder Zeit
waren gegen Dummheit nicht gefeit.
Wie aber können wir uns formieren,
um drohende Dummheit früher zu spüren?

Wissen und Erfahrung helfen etwas dagegen,
werden sie unterstützt vom Denkvermögen.
Wer dazu noch über kluge Einsicht verfügt,
im Kampf gegen sie weniger oft unterliegt.

Holzwege

Ein Kluger, der durch Wälder streift
sich irrend auf dem Holzweg läuft.
Er sich gleich zur Umkehr wendet.
weil der schließlich im Nirvana endet.
Wenn er einfach weglos weiterliefe,
böte das keine gute Perspektive.

Wir müssen nicht in Wälder gehen,
um in solcher Position zu stehen,
denn keiner ist gegen Irren gefeit
und oft auch nicht dazu bereit,
dies erkennend einzusehen
und ein Stück zurückzugehen.

Das wird deutlich in einer Politik,
wenn die führt zu einem Krieg,
dann bezahlen alle mit Geld oder Leiden.
Dabei ließen sich viele Kriege vermeiden,
würde man den Holzweg erkennen,
in dem sich beide Seiten verrennen.

Sein Anfang ist zwar häufig schön,
verlockend zum leichten Begeh'n.
Je früher wir ihn als solchen erfassen,
um so weniger Federn werden wir lassen.

Wer aber von Vorstellungen geblendet,
seine Kraft im Dickicht verschwendet,
wird in ihm unrühmlich scheitern
und seine Einsicht zu spät erweitern.

Risiko

Unser Leben ist von Risiken eingehüllt,
was uns mit recht wenig Sorge erfüllt,
denn wir sind so daran gewöhnt,
dass es dauernd um uns kracht und stöhnt.

Viele Dienstleister / sind große Meister
die unsere Risiken mindern,
oder Folgen eingetretener zu lindern.
Auf Erden werden das Versicherungen sein,
für das Jenseits steht der Glauben ein.

Manche Leute sogar in Risiken rennen,
um sich einen Nervenkitzel zu gönnen:
Aus dem Flugzeug fallen,
gegen and're Spieler prallen,
durch Überhänge klettern
oder über Motorpisten brettern.

Vertrauen ist mit Risiken gespickt,
viele Enttäuschte haben zu früh genickt.
Aber permanentes Misstrauen hilft uns nicht,
das verletzte unser seelisches Gleichgewicht.
Blindes Vertrauen ist ebenso wenig angebracht,
weil es Gelegenheiten für böse Leute schafft.

Risiko ist eben mit dem Leben vernetzt,
die Evolution ist ihm auch ausgesetzt,
weil sie das größte Risiko einging,
als sie mit dem Menschen anfing.

Einige Hirne jetzt bemerken,
dass sie dieses Risiko verstärken.

Unsere Macht ist die Wurzel des Risikos,
deshalb verdient es höchsten Respekt.
Benehmen wir uns weiter so zügellos,
dann zeigt sich, welche Potenz in ihm steckt.

Erfolg

Er verschafft nicht nur Ansehen und Geld,
mit ihm sich auch Selbstsicherheit einstellt.
Er ist ein Lebenselixier für jeden,
denn wir erleiden psychische Schäden,
wenn wir uns als erfolglos ansehen
und verzagt im Lebenskampf stehen.

Erfolg erlebt auch die Masse,
er erreicht sie durch sportliche Asse,
wenn diese großartig siegen,
also ein bisschen vor dem anderen liegen.

Dem Erfolgreichen wird beifällig zugenickt,
steht er auch mit gängiger Moral im Konflikt,
denn mit seiner Überzeugungskraft
er sich seine eigenen Gesetze schafft.

Wird Erfolg durch Kampf erzwungen,
dann wurde ein Sieg errungen.
Leider stehen diesem immer gegenüber
vom Misserfolg getroffene Verlierer,
wenn etwa in hektischen Börsensälen,
die einen strahlen und andere Verluste zählen.

Der Misserfolg hat zwei Gesichter:
Für den einen ist er der Richter,
dessen Urteil endlich Klarheit bringt,
der andere verzweifelt seine Hände ringt.

Häufig meint der erfolgreiche Spezialist,
dass er auch woanders erfolgreich ist.
Diesen Zustand er selbstbewusst geniesst, -
bis er einen kapitalen Bock erschießt.

Der Kluge sich über Erfolge freut
ohne Symptome von Überlegenheit.
Er wird sich an die Gesetze halten
und lässt als Politiker Gerechtigkeit walten.

Von der Sprache

Wir verständigen uns meist sprachlich,
sei es emotional oder kühl sachlich.
Die Sprache jeden Sprecher enthüllt,
ist sie doch von dessen Geist erfüllt.

Sie gibt Auskunft wie ein Gesicht:
Wer unklar denkt, undeutlich spricht.
Sie kennzeichnet die Persönlichkeit
und ist ein Indikator für Selbstsicherheit.
Jeder spricht mit seinem eigenen Klang,
das gibt ihr in der Fahndung hohen Rang.

Unsere Sprache wird ungenügend gepflegt,
was heutiges Reden und Schreiben belegt.
Der Wortschatz wird kleiner, dafür ordinär,
sprechfaules Nuscheln beleidigt das Gehör.

Die Augen können wir verschließen,
Ohren diesen Vorzug nicht genießen.
Wen Wortmüll oder Gedudel stören,
dem hilft nur Übung im Überhören.

Kann aber einer seine Worte gut wählen,
wird er viele Zuhörer zählen.

Lebende Sprache ist nicht so fest gefügt,
als das sie keinen Änderungen unterliegt.
Die Sprache des jeweiligen Siegers,
moduliert die des Verlierers:
Unsere erlag einmal dem Charme der Franzosen,
heute surft sie in stonewashed Jeanshosen.

Nun, eine Weltsprache muss es wohl geben,
wir brauchen sie im Wirtschaftsleben.
Trotzdem haben wir gut deutsch zu sprechen,
wollen wir mit unserer Kultur nicht brechen.
Sprache sichert den unschätzbar hohen Wert,
der unsere Eigenständigkeit uns beschert.

Transporte

Menschen in Fliegern transportiert,
werden in Pferchen konzentriert,
durch Gates und Gänge dirigiert,
in Bussen komprimiert,
ihre Stückzahl kontrolliert,
und schließlich eng platziert.

Wer Masse billig transferiert,
sie wie Vieh traktiert.
Fastfood dominiert,
Dutyfree wird offeriert.

Der Service schematisiert,
Ästhetik ist lädiert. -
Die Masse dieses toleriert,
weil der Preis diktiert.

Vom Fortschritt irritiert,
fühlt sich der Mensch düpiert.

Tiere lebend transportiert,
werden in Pferchen konzentriert,
ihre Stückzahl kontrolliert,
in Wagen konzentriert und malträtiert.

Doch der Tierschutz protestiert,
die Regierung reagiert.
Und das nur selten passiert.

Denken im Stress

Von den Sinnen erhalten wir ständig
Signale, die zahlreich und lebendig,
unsere Gehirne in großem Umfang blockierten,
wenn nicht Filter diese reduzierten.
Weil Konstantes ist fest und nicht flüchtig,
ist ihm nur das sich Verändernde wichtig.

Deshalb tut Streicheln nur gut,
weil die streichelnde Hand nicht ruht.
Kommt sie einmal zum Halt,
wird das schöne Gefühl kalt.

Die Psyche steht vor ähnlichen Problemen:
Wir sehen viel mehr als wir wahrnehmen.
So entlastet sich unser Hirn,
wenn es zu viele Reize umschwirr'n.

Denkt es über eine Sache intensiv nach,
liegen die anderen Themen brach.
Das funktioniert erstaunlich gut, -
auch bei Überlastung, Angst und Wut?

Ein Wort oder auch Reizüberflutung,
werden dann zur Zumutung.
Prioritäten in Emotionen ertrinken,
Neuronen sich vielfach ausklinken.

Nun wird gar nichts mehr überlegt,
alles Denken ist auf die Seite gefegt.
Adrenalin stärkt zu panischer Flucht,
der Mensch blindlings nach Auswegen sucht.
Das Unerwünschte hat ihn in der Kralle,
nun hängt er zappelnd in der Falle.

Soll das unser Dasein nicht vergällen,
sollten wir uns darauf einstellen.
Am Besten schon frühzeitig üben,
wie wir uns unter Kontrolle kriegen.

Freundlichkeit

Bin ich zum Eingehen auf jemand bereit,
ist das der Beginn von Freundlichkeit.
In seinem Sosein ich ihn achte,
nicht nach meinem Vorteil trachte.
Ob ich ihn gut kenne oder nicht,
hat für Freundlichkeit kein Gewicht.

Mit ihr wird das Leben erträglicher,
sogar der Geist arbeitet beweglicher.
Sie ermuntert die Zaghaften
und weckt verborgene Eigenschaften.

Mit einer freundlichen Gefälligkeit
wird mancher von kleinen Sorgen befreit.
Jedes Zusammenleben beginne mit ihr,
sei es mit Mensch oder Tier.

Da gibt es die Freundlichkeit kompakt
für den Käufer-Kundenkontakt.
Die Luftfahrtlinien mit ihr glänzen,
sie aber auf Routinen begrenzen.
Die soll man als solche genießen
und darüber keine Träne vergießen.

Wenn einer seine Freundlichkeit zeigen muss
leidet er ohne Freude daran bald an Verdruss
und verdirbt sich damit selber den Tag,
weil er sich selbst nicht mehr mag.

Freundlichkeit dient meinem Wohlbefinden,
bringt Aggressives eher zum Verschwinden.
Ist sie mit Festigkeit verbunden,
wird Trotz viel leichter überwunden.

Wenn es hier und da einmal passiert,
dass einer sie als Schwäche interpretiert,
dann liegt vielleicht das letzte Heil
beim groben Klotz und seinem Keil.

**Architektur
zur Ehre des jeweils Höchsten**

Was als Höchstes wird angesehen,
wird auch bei ihr an der Spitze stehen.
Man denke nur an die Pyramiden,
den Söhnen des Sonnengottes beschieden.

Die Tempel, den antiken Göttern geweiht,
waren Spitzenprodukte jener Zeit.
Mit größer werdender staatlicher Macht
entstanden Gebäude in vollendeter Pracht.
Als Symbol für einen kräftigen Staat
standen sie für jeden Besucher parat.

Die Türme der Dome wiesen in den Himmel,
unerreichbar aus irdischem Getümmel.
Architektur stützt Autorität und Glauben,
hier darf sich Böses nichts erlauben.

Auch der Adel sie als wichtig empfand.
Sie präsentierte diesen bevorzugten Stand
in großzügig angelegten Schlössern,
um seine Reputation zu verbessern.

Die Macht aller Genannten hat abgenommen,
dafür ist nun Neues hinzugekommen.
Mit Geld lässt sich heute das meiste erreichen,
die einst Großen jetzt im Etat viel streichen.

Die Architektur für heute Mächtige beweist,
was heute gilt und was es uns verheißt:
Kalter Glanz wirkt unpersönlich,
die Nutzer sind Geldhäuser gewöhnlich,
denn die am Geldhahn drehen
genießen ein besonderes Ansehen.

Ihre Gehäuse hoch in den Himmel streben,
als wäre Geld das Höchste im Leben.
So steht die Architektur auf schwachen Beinen,
wann wird für sie ein neuer Wert erscheinen?

Silvester

Das Jahr verlor seinen letzten Schwung,
es ist die Zeit der Erinnerung.
Man denkt an das nicht Erreichte
oder an eine nicht geleistete Beichte.

Wenig ist vollendet und viel versäumt,
von Schönem wurde meist nur geträumt.
Das Wetter ist trübe, nass und kalt,
Depression lauert im Hinterhalt.

Dann lädt einer dich zur Party ein,
festlich und feucht-fröhlich soll sie sein.
Das alte Jahr sei in den Müll zu schmeißen
und das neue willkommen zu heißen.

Man trifft sich dann gut angezogen,
bald schlägt die Stimmung hohe Wogen.
Mit flüssigem Blei wird das Schicksal befragt
und allerlei Witziges dazu gesagt.

So wird Kummer gemeinsam entsorgt,
von der Zukunft neues Glück geborgt.
Mit Knallern und zischenden Raketen
wird eindrucksvoll darum gebeten.
Wildfremde Leute küssen sich,
ungeniert und säuberlich.

Ein Hoher von Funk hilft mit Ernst hinüber,
das Ritual ist geschafft, - Schwamm darüber.
Jeder spielt ausgiebig mit bei diesem Theater
und schafft schluckend für den morgigen Kater.

Der wird dann mit saurem Hering bekämpft,
gleichzeitig sind die guten Vorsätze gedämpft.
Was davon übrig bleibt, ist bald vergessen
oder wird vom Alltag aufgefressen.

Ob einer lernt vom dem was er erfahren, -
nächstes Silvester wird sich's offenbaren.

Regenbogenpresse

Randvoll sie über alles berichten,
Politisches und Klatschgeschichten,
Sportliches und Lokales,
Geistiges und viel Banales.

In weltweiter Verbreitung
ließt jeder seine Morgenzeitung.
Das Endergebnis davon ist,
dass er das meiste schnell vergisst.

Das passiert nicht nur morgens daheim,
auch tagsüber kleben sie am Infoleim.
Man denke nur an die Varianten von BILD,
alle mit dümmlicher Unterhaltung gefüllt.

Die Infoflut enthält ein schleichendes Gift,
das uns an empfindlicher Stelle trifft.
Sie ertränkt eigenständigen Geist,
was sich im Verhalten der Masse beweist.

Für mich ist es ein Wunder,
dass bei all diesem Plunder
noch beachtlich viele Leute
sind nicht dieser Presse Beute.
Die lesen Bücher mit Kultur,
statt täglich Makulatur.

Von solchem Ballast befreit,
vergeuden wir weniger Zeit.
In dieser so leicht gesparten
mit eigenem Tun aufwarten,
unsere Freude und Zufriedenheit erhöht
womit ein besseres Lebensgefühl entsteht.

So eilt uns die Zeit weniger schnell dahin
und das Leben erhält mehr Inhalt und Sinn.

Die Drei

Nicht nur bei Wein, Weib und Musik,
 kommt uns die Drei in den Blick.
 Dreiklänge gibt es in großer Zahl,
sie sind eine harmonische Wahl.
Dreigestuft ist auch die Zeit
zwischen Zukunft und Vergangenheit.

Aller guten Dinge sind drei,
die Fee gab stets drei Wünsche frei,
drei Versuche gibt es hier und da,
und drei Medaillen bei Olympia.
Drei Farben reichen für bunten Druck,
dreimal gewarnt ist genug.

In der Logik werden drei Größen verknüpft,
wobei eine neue Aussage entschlüpft.
Dialektik beruht auf einem ähnlichen Prinzip,
ihre Überzeugungskraft bis heute erhalten blieb.

Zu einer Mehrheit gehören zwei,
wenn die Kollektivgröße ist drei.
Deshalb gibt es keine Demokratie bei Paaren,
die müssen ihre Interessen anders wahren.

Drei gleiche Rechner werden genommen,
um einem defekten auf die Spur zu kommen.
So kann ein Flugzeug automatisch fliegen,
weil die zwei intakten „demokratisch" siegen.

Mit drei Organen kommt der Staat zurecht,
Legislative, Exekutive und Recht.
Auch in zentralen Glaubensfragen
haben Dreiergruppen das Sagen.

Mit drei Punkten ist eine Ebene fixiert,
mit Dreiecken wird die Welt kartografiert.
Nur das steht unter einem anderen Kalkül:
Dreiecksverhältnisse sind weniger stabil.

Langeweile

Wen die Langeweile hat am Wickel,
für den gibt es genug Artikel
um sie ganz schnell zu vertreiben. -
Dabei wird es wohl nicht lange bleiben.

Der Grund dafür liegt hinter der Stirn,
denn aktiv sein muss unser Hirn.
Es ist dauernd mit sich selbst beschäftigt,
was es durch Träume deutlich bekräftigt.

Tagsüber will es angeregt werden,
es würde unsere Psyche gefährden,
folgten wir nur unseren Trieben:
Wir würden von Langeweile zerrieben.

Einfache Anregungen gibt es zuhauf,
so geht auch unsere Psyche nicht drauf,
wenn wir den Abend mit einer Show würzen
oder uns in Konsum und Abenteuer stürzen.

Wenn die sich nicht ständig
wiederholen oder verstärken,
wird man die Langeweile
bald wieder störend bemerken.

So ist die Langeweile zwar verschwunden,
doch der Geist hat keine Anregung gefunden.

Der wird zum Destruktiven gezogen.
Dort spannt sich ein weiter Bogen
zwischen Depression und Gewalt,
denn das Großhirn kennt keinen Halt.
Und, was die Sache noch verschlimmert,
das Denkorgan dabei verkümmert.

Stimulanzien, die zum Denken führen,
wird der Produktive doppelt spüren.
Den Erfolg beschreibt die letzte Zeile:
Kreative haben keine Langeweile.

Meine Schreibe

Hier und dort im Tageslauf
fällt mir ein bestimmtes Thema auf.
Anfangs geht mir durch den Sinn,
inwieweit ich dem gewachsen bin.

Ich suche nach verschiedenen Aspekten,
nach offenbaren und versteckten,
erwäge meine Position
und blättere im Lexikon.

Dann fang' ich mit dem Schreiben an,
lass mich inspirieren, ohne jeden Plan.
Der Anfang fällt mir meistens schwer,
Gedanken wandern hin und her,
bis sich ein fester Faden findet,
an den sich das Gedachte bindet.

Nur ist es manchmal nicht geschlossen,
bin ich übers das Ziel hinaus geschossen.
Vergnügen habe ich an einem Vers,
steht er zum Gewohnten kontrovers.

Ist es dann zum ersten Mal gedruckt,
wird es kritisch prüfend angeguckt.
Viel Ungereimtes wird dabei entdeckt
oder ein nicht passendes Objekt.

Beim Lesen, vierzehn Tage später,
sinkt mein Stimmungsbarometer,
denn aus weiterer Distanz beseh'n
ist das Werk doch nicht so schön.

Ich beginne wieder mit Gedankensieben
und fange an mich in die Sache zu verlieben.
So lasse ich denn alles liegen,
mögen andere ihre Köpfe wiegen.
So schlecht ist es wieder nicht gewesen,
man muss es eben einfühlsamer lesen.

Kritik

Endlich habe ich ein Buch geschrieben,
der große Durchbruch ist noch ausgeblieben.
Davon wird das Denken neu belebt,
wie man seinen Absatz weiter hebt.

Da gibt es einen Literaturverein,
der lädt Dichter zu Lesungen ein.
Da habe ich in einige Spiegel geseh'n,
in vielen fand ich mich weniger schön.

Die literarische Güte sei zweifelhaft,
warum der Mensch nur Zweizeiler schafft.
Von Reim und Rhythmus versteht er nicht viel,
zu viel Distanz und zu wenig Gefühl.

Im Übrigen seien das bekannte Sorgen,
meine Meinung bliebe verborgen.
Ein Gutmeinender ließ sich erweichen:
Für den Karneval könnt' es schon reichen!

Danach habe ich meine Wunden geleckt
und mein bitteres Blut geschmeckt.
Dann aber habe ich mich besonnen,
und diese Erkenntnis gewonnen:

Für mich war die Kritik interessant,
meine Meinung ist jedoch unverwandt:
Die Aussage hat weiter das höchste Primat,
erst dann kommt das literarische Format.

Ich werde weiter meine Gedanken
in bekannter Form verschlanken,
um zum Denken anzustoßen,
in kleinen Dingen wie in Großen.
Die Zahl der Wissenden ist noch zu klein,
ich möchte weiter Denkanstosser sein.

Moderne Lyrik

Spürt einer Emotionen im Gemüt,
es ihn unweigerlich zur Lyrik zieht.
Gefühl ist das beherrschende Element,
geschrieben wird, was auf der Seele brennt.

Lyrik, so steht's im Lexikon vor 100 Jahren,
soll Schönes und Erhabenes offenbaren,
sich idyllisch oder heroisch zeigen,
Spannungen und Zweifel nicht vermeiden.

Von elegischem Klagen über fehlendes Glück,
bis hin zu einem schmachtenden Blick,
auch von der Wacht am Rhein
durfte durchaus die Rede sein.

Das war oft Schmalz nach Noten,
was wird uns heute geboten?
Die Lyrik verbannt Verehrung und Liebe,
für Ironie oder Satire erntet man Hiebe.

Zerwühlte Gefühle spiegeln im Wortgeklirre,
dekadenter Symbolismus führt in die Irre.
Deutet dieses auf den Geist der Zeit,
der sich mit sich selbst entzweit?

Wilde Wörterhorden
jede Logik morden.
Gedanken stolpern hin und her,
verirren sich im Kreisverkehr.

Lyrik lesen ist wie Rätsel raten:
Fräulein badet Satansbraten,
liebestolle Käfer Lust verspeisen,
Ostwind will nach Süden reisen.

Mit geschürzten Lippen
Licht ins Dunkle schippen.
Reimsal schleppt Mühsal,
Hinterlist zerblättert agonal.

Stimmungen

Sie bestimmen unser Allgemeingefühl,
unzählige Varianten formen ihr Profil.
Sie steuern unsere Psyche ungemein,
und können krankhaft unerträglich sein.

Stimmungen, unverhohlen verkündet,
der andere als aufdringlich empfindet.
Er stellt sich quer und wendet ein:
„Wir beide haben nur wenig gemein".
Auch jemand ungeschickt becircen
führt sehr leicht zu Stimmungsstürzen.

Gut gestimmt ist halb gewonnen,
wir werden dann den Schwung bekommen
mit dem wir Hindernisse überwinden,
und voll Kraft zum Ziele finden.

Solche Stimmung ist sehr schnell beschädigt,
Undurchdachtes bleibt dann unerledigt.
Es erlöschen Wille und Geduld,
der Stimmungsmacher ist dann Schuld.

Wenn Stimmung in der Politik entscheidet,
sie später unter unbedachten Fakten leidet.
Lassen wir uns also nicht in Stimmung bringen,
wenn Politiker um unsere Stimmen ringen.

Erzeugt durch Stimmungskanonen,
wird sie nur kurze Zeit in uns wohnen.
Ist sie mit unserem Wesen verbunden,
hat sie einen festeren Platz gefunden.

Sind wir einmal mit uns im Reinen,
wird in uns eine Stimmung erscheinen,
in der die Lebensbejahung entsteht,
mit der unsere Existenz zum Guten gerät.

Metapher von den Bäumen

Sie unzählige Samen verstreuen,
die sprossend sich gegenseitig bedräuen.
Wem anfangs schnelleres Wachsen glückt,
der bald mehr als die übrigen kriegt.

Aus Einengen wird Verdrängen,
Größe entwickelt sich aus Zwängen. -
Unter Bedingungen wie diesen
entstehen Urwaldriesen.

Wald von Menschen angelegt,
geplant nach Höherem strebt.
Er auf optimalen Abstand achtet
und Schwachen nach dem Leben trachtet.
So kann er Länge mästen
ohne Ärger mit dicken Ästen.
Im besten Alter wird er gefällt,
dann bringt er das meiste Geld.

Der frei wachsende Baum
hält sich selber im Zaum.
Er ist ein Symbol des Schönen,
aber nur als Brennholz herzunehmen.
Den verasteten Stamm keiner mag,
vielleicht fällt ihn ein blitzender Schlag. -

Ähnelt die Menschheit einem Wald
mit Bäumen in menschlicher Gestalt?
Wir ertrugen doch manchen Großen,
hätten lieber einsame Inseln genossen.

Meist aber kämpfen wir um Lebensraum
 und trotzdem uns kaum ins Freie trau'n.
So finden wir uns in Reih und Glied
in Büros ebenso wie in der Fabrik.

Wir werden nicht gefällt oder verbrannt,
aber vorzeitig aus dem Wald verbannt.

Paradiesisches

Das Paar hatte alles im Überfluss,
schwelgte im paradiesischen Genuss.
Beide wurden schnell vertrieben,
weil sie nicht genügsam blieben.

Wir noch immer alles haben wollen,
unser Begehren kennt kaum Kontrollen.
Kaum haben wir ein Ziel erreicht,
dieses neuen Wünschen weicht.

Ein Paradies bekommt uns nicht gut,
zu schnell erliegen wir dem Übermut.
Wir brauchen Grenzen und Wände,
sonst geht es mit uns zu Ende.

Trotzdem werden wir danach streben,
uns auf Erden ein Paradies zu geben.
Kann sich jeder sein eigenes schaffen
ohne rastlos zu raffen, raffen, raffen?

Etwa das Denken dazu verwenden,
etwas weniger zu verschwenden,
unsere Arbeit freudig verrichten,
ohne die anderer zu vernichten,
in der Lebenskunst kreativ zu sein
und sich am Staunen zu erfreu'n.

Wichtig wäre es das rechte Maß zu finden,
statt fest zu sitzen auf fetten Pfründen.
Nur ist das eine persönliche Angelegenheit
und damit eine stete Quelle von Streit.

Es erforderte allseitig guten Willen,
um solche Forderung zu erfüllen.
Wenn den wirklich alle hätten,
wäre für uns ein Paradies zu retten.

So drehen wir uns im Kreise:
Werden wir jemals weise?

Variable Grenzen

Die meisten Grenzen erlauben
mehr Durchlass, als wir glauben.
Man leichthin über sie stöhnt,
dabei ist man nur an sie gewöhnt.
Fähigkeiten verschiedenster Arten
nur auf ihre Erweckung warten.

Wer körperlich und geistig faulenzt
Gewandtheit und Bewusstsein begrenzt.
Wer aber seine Trägheit überwindet,
für sich fernere Grenzen findet.

Der Körper, besser trainiert,
ein neues Wohlsein spürt.
Der Geist, durch mehr Denken gekräftigt,
sich mit Anspruchsvollerem beschäftigt.

Die Wurzeln zu solchem Tun
tief im Bewusstsein ruh'n.

Wird dieses soweit gestärkt,
dass man Gewohntes wieder bemerkt,
dann tauchen unerkannte Perspektiven auf,
was zu Ideen führt im weiteren Verlauf.
So können wir ein Stückchen weiter gehen,
bis wir vor der nächsten Grenze stehen.

Die meisten Grenzen haben Schranken,
die öffnen sich nur den Passanten,
die ihr Selbst einschätzen können
und nicht gegen Wände rennen.

Wer sich leichtfertig verleitet
und Grenzen überschreitet,
die er besser respektieren sollte,
erreicht nicht was er wollte.
Er ist sich seiner Grenzen nicht bewusst,
und endet oft in schmerzhaftem Verlust.

Wirtschaftswissenschaft (WIWI)

Trotz Bemühens um Wissensvermehrung,
leidet ihre Kompetenz an Auszehrung.
Ihre Gutachten sind mangelhaft,
ihr Wissen überaus lückenhaft.
An Macht und menschlichen Schwächen
ihre einfachen Formeln zerbrechen.

Die WIWIen stehen auf tönernen Füssen
ihre Jünger vorsichtiger werden müssen,
zumal sich auch in ihrem Objekt
ein nicht lineares System versteckt.

Das ist nie reduktionistisch zu knacken,
auch ganzheitlich nur schwer zu packen,
aber bevor wir dahin gelangen,
müssen wir bei den Werten anfangen.
Sie sind an einem Wertesystem orientiert,
das zunehmend an Wert verliert:

Expansion steht im Zentrum ihrer Philosophie,
den Menschen sehen sie wie der Bauer sein Vieh
und Wissenschaft oder Technik sind für sie
Wettbewerbshilfen ohne Rücksicht auf Ökologie.

Die sollten zu unserem Wohlergehen
die Grenzen des Machbaren sehen.
Dann wird aus Dauerwachstum Bewahren
und mit Arbeit als Wert verfahren,
das Wohl des Globus bekommt mehr Gewicht,
Achtung vor jedem Leben ist höchste Pflicht.

Ein Organismus ist bekanntlich erledigt,
wird eines seiner Organe schwer geschädigt.
So läuft die Wirtschaft dann nur rund,
sind alle Beteiligten im Kern gesund.

Wenn Wirtschaft und Leben sich verbünden,
werden wir sicher zu neuen Ufern finden.

Wacklige Hypothesen

Diese drei Größen sind fundamental:
Der Staat, die Arbeit und das Kapital.
Stehen sie miteinander im Gleichgewicht,
dann leben die Menschen in Zuversicht.

Das ist gestört und ins Rutschen gekommen,
prompt haben die Probleme zugenommen.
Wachstum hilft nicht mehr viel,
jetzt sind neue Kräfte im Spiel.

Kein Mächtiger will das eingestehen,
da noch zwei Hypothesen bestehen.
Dienstleistung sei der erlösende Hit.
Da komme ich wirklich nicht mit,
denn an Arbeitsplätzen mangelt es auch hier,
der Computer hat die Branche längst im Visier.

Auch seien die Lohnkosten zu hoch,
doch da besteht bereits ein Loch:
Es sank bereits der Mindestlohn,
die Arbeitslosigkeit erzwingt das schon.
Software und Verwaltung gehen nach Übersee
und sagen den deutschen Angestellten Ade.

Das Kapital lebt auf Kosten der Arbeit
und nährt soziale Unzufriedenheit.
Es fängt an den Staat zu regieren,
das kann nur in die Irre führen.
Die drei Größen müssen in Balance bleiben,
soll es unsere Gesellschaft nicht zerreiben.

Das fordert Verzichte von allen Seiten
wollen wir nicht ins Abseits gleiten.

Nur mit Leidensdruck oder Konsens
bekämen wir hinreichende Potenz,
um in die Speichen zu greifen
und wieder Balance zu erreichen.

Kapitalismus

Er ist im Abendland entstanden
und nirgends sonst in irdischen Landen.
Die Europäer begannen die Welt zu lenken,
gestützt auf abendländisches Denken.

Als ein vom Adel anerkanntes Faktum,
existierte hier ein starkes Bürgertum.
Die Rechtsprechung war weniger willkürlich,
Katastrophen nicht mehr übernatürlich.
Das machte Planungen berechenbar,
das Wirtschaftsumfeld wurde klar.

In diesem Klima entstand die Allianz
von Arbeit, Wirtschaft und Finanz.
- Wäre nur einer nicht dazu bereit gewesen,
hätten wir jetzt das Niveau der Chinesen. -

Das war des Kapitalismus Geburt,
der hat dem Fortschritt den Weg gespurt.
Er versuchte sich zwar bald in Ausbeuterei,
doch Gegendruck kam von der Arbeiterpartei.

Kapitalistische Wirtschaftsführung
gedeiht nur unter bürgerlicher Regierung.
Hier sind die freien Bürger gewohnt,
dass sich mühevolle Arbeit lohnt.
Das hat unseren Wohlstand vermehrt,
aber auch andere Kontinente verheert.

Das weist auf zwei Gefahren hin,
die am Horizont aufzieh'n:
Die Allianz der drei wird instabil
und dem Globus unsere Macht zuviel.

Der Stier ist bei den Hörnern zu nehmen,
also die Macht des Kapitals zu zähmen.
Dazu muss sich die Allianz erweitern,
ohne Mensch und Umwelt wird sie scheitern.

Steuerreformen 97, 98, 99 ...

Ständig werden welche ausgeschwitzt,
man hört, dass es uns allen nützt.
Es wird wohl bei der Vorfreude bleiben,
denn sie werden weitere Entwürfe schreiben.

Es kneift an allen Ecken und Enden,
Ideenblitze werden uns weiter blenden,
Erst einmal werden alle mehr zahlen,
auch jene, die in Krankheiten fallen.

Die Arbeitslosen, ein weiterer Negativposten,
werden uns mehr als geplant kosten.
So wird die Fata Morgana blasser,
jede Reform gerät zum Schlag ins Wasser.

Das Zahlenwerk bleibt uns verborgen,
um dieses sie sich weniger sorgen.
Weit wichtiger sind die Wahlversprechen
und wenn sie sich den Hals dabei brechen.

Wenn aber ein Minister Ernst macht,
dann es in der Parteibasis kracht.
Wahrscheinlich wird weiter geflickt
und zu Neuverschuldung genickt.

Das aber uns unter den Nägeln brennt:
Vom Haushalt gehen 50 Prozent
für Soziales und Schuldenzinsen
unproduktiv in die Binsen.

Man denkt zu viel an das Kreuzchen,
und schüttelt dafür sein Fäustchen.
Solches Gesumme - ist Futter für Dumme.

Die Politiker müssen sich daran gewöhnen
mehr zu rechnen, als vorschnell zu tönen.
Sie sollten wirtschaften wie die Schwaben,
mit mehr Verständnis für Soll und Haben.

Wachstum und Zinsen

Nach dem Motto „Erst borgen, dann sparen":
werden Häusle gebaut und Autos gefahren.
Auch der kapitalschwache Schreinermeister
ginge ohne Geborgtes sicher koppheister.

Dafür zahlen sie angemessene Gebühren,
denn das lohnt sich bei solidem Investieren.
Bei Produzenten ist das Geld besser angelegt,
weil dort Aussicht auf Substanzgewinn besteht.

Der Staat, der für Löhne und Renten borgt,
hat für seine Bürger schlecht gesorgt,
denn wegen der Zinsen, die später anfallen,
müssen die Bürger ihre Gürtel enger schnallen.

Schulden machen ist eben nur angebracht,
wenn man nützliche Investitionen macht.
Dabei wird vom Gläubiger vorausgesetzt,
dass der Schuldner seine Pflichten nicht verletzt.

Weh dem, der nicht zurückzahlen kann,
der ist dann mit dem Zinseszins dran.
Der bekanntlich türmt sich zuhauf,
wenn wir ihm lassen seinen freien Lauf.

Solches Wachstum, auch organisch genannt,
ist als normal in der Natur bekannt.
Die Natur indessen trotzdem nicht verdirbt,
weil Wachsendes einmal von selber stirbt.

Doch wenn sich etwas dauernd vermehrt,
wird Wachstum zum Schlechten verkehrt.
Das wird in Überhitzung münden,
sollte der Mensch kein Ende finden.

Dann kommt es zu Krisen wie in letzter Zeit,
die wir erleben in banger Unsicherheit.
Der Glaube an das Machbare hat gelitten,
es hat seine Grenze das Scherbenkitten.

Unternehmer und Politiker

Die Welt in dieser Wendezeit
ändert sich mit einer Geschwindigkeit,
die eine unerwartete Größe besitzt,
was uns vermutlich mehr schadet als nützt.

Die Zeit der Weltkriege scheint vorüber,
die Zahl der Kriege steigt dem gegenüber.
Der Drang zu Fusionen hier, zur Freiheit dort,
globaler Existenzkampf tobt in einem fort.

Flexibilität ist jetzt an allen Fronten gefragt,
die ist Politikern anscheinend versagt,
denn Absicherung steht im Vordergrund,
mit Vorwärtsstrategien sind sie nicht im Bund.

Ihre Angst vor dem Risiko ist allgemein,
Veränderungen müssen parteidienlich sein.
Die Wagemutigen sind unterrepräsentiert,
die Vorstellung von Wirtschaft antiquiert.

Viel von dem, was Hochschulen lehren
stammt aus historischen Sphären.
Sie erkennen nicht die Wendezeit,
mit der Realität sind sie entzweit.

Wunschdenken ist jetzt unverzeihlich,
Konsens dagegen dringend und eilig,
der Unternehmer ist als Wegbereiter anzusehen,
denn er gestaltet das Wirtschaftsgeschehen.

Unternehmertum könnte die Folgen mildern,
wenn die Sitten im globalen Netz verwildern,
die uns auf niedriges Weltniveau zwingen
und damit ernste Probleme mit sich bringen.

Die Chancen dafür betrachte ich als klein,
der Kanzler müsste eben Unternehmer sein.

Subventionen

Die Lebensqualität der Bürger im Land
liegt in des jeweiligen Staates Hand.
Um die Chancengleichheit zu wahren,
gibt es Subventionsverfahren.
Da wird politisch gefeilscht und verdreht,
wie üblich, wenn es um Geschenke geht.

Dabei denkt man auch an Wiederwahl
und redet von Gerechtigkeit total.
Die allerdings wird nie erreicht,
wobei eine Partei der anderen gleicht.

Mit der Fähigkeit perfekt zu lügen
lässt sich der Staat zu leicht betrügen.
Das selten und nur dann misslingt,
wenn es lange genug zum Himmel stinkt. -

Die Natur kennt keine Subventionen.
Kam sie gerade deshalb über die Äonen?
Sie hat sich der Anpassung verschrieben,
nur was das vermochte, ist übrig geblieben.

Man sollte es kaum glauben,
dass mit diesem Beispiel vor Augen
der Mensch von dem nichts wissen will
sondern urteilt nach Doktrin und Gefühl.

Die Politiker immer noch nicht verstehen,
dass sie mit offenen Systemen umgehen.
Die bleiben ohne Eingriff am ehesten gesund,
nur hier und da besteht ein guter Grund
für Anpassungen, die sich wirklich lohnen
mit definitiv befristeten Subventionen.

Lasst wir doch die Kohle in der Erde liegen,
für 100 000 Mark die Kumpel Besseres kriegen.
Alles was sich nicht selbst am Leben hält,
auch unterstützt, unweigerlich verfällt.

Die Fonds

Die kleinen Anleger fühlten sich verloren,
deshalb wurden die helfenden Fonds geboren.
Die suchten kleine, lohnende Häppchen
und fanden Gewinn bringende Schnäppchen.

Später konnten sie das nicht mehr,
dazu waren die Aktienpakete zu schwer.
Darunter die wertvolle Beweglichkeit litt,
doch das brachte sie nicht außer Tritt.

Sie traten in den Kreis der Großen ein
und da waren die nicht mehr allein,
die das eigentliche Sagen haben
in den großen Finanzierungsfragen.

Diese verschwägerte und vernetzte Sippe
umschiffte mit Verständnis manche Klippe.
War nur der Geschäftsgang okay,
tat man sich in der Aufsicht nicht weh.
Firmen und Kapital waren gleichgewichtig
und die Entscheidungen weitsichtig.

Die Fondsmacher aber wollen nichts als Profit
und mischen in diesem Sinn kräftig mit.
Sie drohen den Firmen mit Kapitalentzug,
steigt Shareholders Value nicht hoch genug.

Das verändert die Unternehmenskultur,
jetzt entsteht wieder Kapitalismus pur.
Unternehmen verkommen zur Handelsware,
verdienen sie nicht das erwartete Bare.

So steigert das Kapital sein Übergewicht,
legale Mittel dagegen gibt es nicht.
Den günstigen Wind es solange nützt,
bis es unvermutet in einer Klemme sitzt.
Dann befinden wir uns leider alle
in der vom Kapital geschaffenen Falle.

Globales

Es wurden einmal die Multis verteufelt
und einige Warnungen angehäufelt,
dass diese nicht mehr kontrollierbar seien
und sich entwickelten zu Wirtschaftshaien.

Dann ging es den Zollgrenzen an den Kragen,
um dem Wachstum eine Bresche zu schlagen.
Die Wirtschaft hat immer dabei gewonnen
und das Volk hat daran teilgenommen.

Nun gewinnt die Globalisierung an Schwung,
auch das spürt jetzt die Bevölkerung,
denn die totale Öffnung der Märkte
den Druck der Konkurrenz verstärkte.

Lohngefälle fangen an zu wirken,
die Deutschen sind teurer als Türken,
Spanier, Polen, Iren und Tschechen.
Der Arbeitsmarkt zeigt Schwächen.

Die Produktivität steigt weltweit ständig,
Der Börsendax wurde sommerlebendig,
die Politiker unsicher tastend zittern,
die Sozialhilfe hat mehr Menschen zu füttern.
Die Gewerkschaften verlieren an Kraft,
ihre Mitglieder kochen im eigenen Saft.

Was die Landwirtschaft hinter sich hat,
findet jetzt in der Industrie statt.
Automaten erfreuen Kapital und Kunden.
Kann die Arbeit je wieder gesunden?

Die Globalisierung entfesselt kapitale Kräfte,
der Politik entgleiten dagegen die Hefte,
weil sie souverän national regiert
und deshalb global per Saldo verliert.
Eine Gruppe daneben prächtig gedeiht:
Kriminelle haben eine gute Zeit.

Schuldenerlass

Hat sich einer so überschuldet,
- was man wegen der Zinsen geduldet -
dass er nicht mehr zahlen kann,
steht er zum Konkurse an.
Er ist dann geschäftlich erledigt,
die Gläubiger hochprozentig geschädigt.

Hätte der Gläubiger stattdessen
den Vorgang quasi vergessen,
hätte er kaum anders dagestanden,
aber eine Chance wäre vorhanden,
dass der Schuldner klüger beginnt
und dieses Mal wirklich gewinnt.

Staaten bitten auch um Schuldenerlass,
manche gleichen einem löcherigen Fass,
das es erst zu dichten gilt,
bevor man es wieder füllt.

Solange der alte politische Rahmen bleibt
verschwendet man mit Hilfe Geld und Zeit.
Ist der einmal in Ordnung gebracht,
hat man den richtigen Anfang gemacht.

 Dann bringt Geld die Wirtschaft auf Trab
und ist gleichzeitig ihr Erfolgsmaßstab.
Als Beruhigungsmittel gespendet
ist es sinnlos verschwendet.

Mit lautem Entschuldungsgeschrei
ist das Dritte-Welt-Elend nicht vorbei.
Seine vielschichtige Natur
benötigt eine umfassende Kur.

Nur dann macht Erlass einen Sinn,
es ist ein langer Weg bis dahin.
Der muss in den Köpfen beginnen,
will man nachhaltig gewinnen.

Fusionen

Sich anpassen an den weltweiten Markt
wird keinem Unternehmen versagt.
Wenn es sich dafür mit anderen vereint,
verbirgt sich dahinter mehr als man meint.

Sie wollen ihre Konkurrenzfähigkeit stärken.
Die Arbeitnehmer werden das bald bemerken,
wenn der Umsatz nicht genügend steigt
und der Gewinn die Börse nicht überzeugt.

Geht es wesentlich um Machtgewinn?
Dann machte die Fusion der Großen Sinn.
Mancher Umsatz ist schon größer geraten
als das Budget der meisten Staaten.
Damit wächst ihr politisches Gewicht:
Die Großen nehmen die Politik in die Pflicht.

Das dient nicht dem Wohl des Ganzen,
denn es gibt weit mehr als nur Finanzen.
Das kann zu Gleichgewichtsstörungen führen,
die Freiheit und Wirtschaft strangulieren.

Es geht immer um das Gleichgewicht,
weil nur das Stabilität verspricht.
Die Kartellgesetze dafür nicht genügen,
weil sie nur im wirtschaftlichen Bereich liegen.

Wenn Menschenwürde und Wohlbefinden
drohen im Konkurrenzkampf zu verschinden,
dann ist der Verfassungshüter gefragt,
der Übertreibungen beschränkt oder untersagt.

Das Ganze gleicht der Quadratur vom Kreise,
Lösungen gibt es nur näherungsweise.
Beschränkten sie gefährlichen Größenwahn
wäre für Ausgewogenheit schon viel getan.

Kolonialismus

Sieger gründeten schon immer Kolonien,
um Nahrung und Rohstoffe billiger zu beziehen.
Wir Weißen sahen in ihnen auch einen Markt,
für Industrieprodukte verschiedenster Art.
Wir bestimmten die beiderseitigen Preise,
und wurden reich auf unmoralische Weise.

Dann erhielten sie ihre Freiheit zurück
und freuten sich kurz über ihr Glück.
Bald holte sie der Alltag ein,
denn die Weißen ließen sie allein.

Die Entwicklungshilfe hat nur wenig vollbracht.
Das Kapital hat wieder sein Geschäft gemacht
und Kredite zu Risikozinsen gewährt,
sich dabei um Sicherheit wenig geschert.

Unternehmen wurden ins Land gezogen
und haben es selbstherrlich ausgesogen.
Alte Getriebe wurden wieder gängig,
das Kapital verdiente wieder einige Pfennig.

Mit Misswirtschaft und Korruption,
- jeder kennt diese Leiden schon –
verlor die Währung ständig an Wert,
das hat dort die Belastung weiter vermehrt.

Wenn dann die Spekulation zuschlägt
ist die Armut auf Dauer festgelegt.
Das Kapital hat übergroße Macht errungen,
sogar Regierungen auf die Knie gezwungen.

Es kennt eben keine Grenzen.
- Die Staaten sitzen in Konferenzen
und werden keinen Ausweg finden,
bis sie einen Erdenstaat gründen.

Dann könnten sich Gesetz und Moral bemühen
gegen den Kolonialismus zu Felde zu ziehen.

Gespaltener Tourismus

Der Wettbewerb hat uns das beigebracht,
beim Reisekauf wird nur der Preis bedacht.
Der ist entsprechend niedrig kalkuliert,
wobei man Zusatzkosten einfach ignoriert.

Leider besteht bei jedem, der verreist,
die Gefahr, dass er als Gast zu viel verschleißt.
Der Niedergang des Schönen ist so eingeläutet,
die armen Länder werden weiter ausgebeutet.
Kostbarkeiten sind sehr schnell zerstört,
gesucht ist ein Statut, das dies verwehrt.

Da heißt es Kompromisse auszuklügeln,
die den Tourismus maßvoll zügeln:
Umwelt und Kultur ausreichend schützen
und trotzdem der Dritten Welt nützen.

Gebt den Massen zwei Arten von Zonen:
Eine, in der sie arbeiten und wohnen.
In der zweiten sie sich wunschgemäß vergnügen,
Zugang zu anderen ist schwerer zu kriegen.

In diesen genießt die Natur ein Bleiberecht
und damit sich dieses nicht schwächt,
ist gut bezahltes Personal auf Wacht,
wie man es auf Fidschi oder Galapagos macht.
Auch kommen weniger Touristen hinein,
denn die Hotels sind umweltschonend klein.

Ein Land, das so seine Eigenart erhält,
erwartet Verständnis und höheres Entgelt.
Geben und Nehmen sind im Gleichgewicht,
Verlierer gibt es dort nicht.
Mit diesem Konzept liegen sie nicht schief,
für heile Umwelt gibt es keinen Nulltarif.

Bäuerliche Landwirtschaft

Sie befolgt das Prinzip der Maximierung,
das liegt ganz in der Absicht der Regierung.
Der Bauer wäre nämlich längst am Ende,
wäre da nicht die staatliche Spende,
die etwa 50% seines Einkommens ausmacht.
Ist damit wirklich Sinnvolles vollbracht?

Pflanzenschutz und Kunstdünger
sind zweifelhafte Heilsbringer.
Qualität wird mit ihnen nicht verbessert,
die Produkte schmecken verwässert.

Arzneien als Wachstumsstimuli
erzeugen gesundheitliche Distonie.
Dazu kommt noch in schier endloser Fülle
in den Boden versenkte, stinkende Gülle.

Die Umwelt geschädigt, das Steuergeld weg,
so kommen wir alle nicht aus dem Dreck.
Mehr Ökologie uns mit Sicherheit
langfristig von einigen Übeln befreit:

Der bäuerliche Umsatz wird damit kaum erhöht,
dafür es der Umwelt bedeutend besser geht.
Der geringere Schaden bei Mensch und Natur
rechtfertigte Subvention für eine solche Kur.

Als Alternative im stadtnahen Gebiet,
der Ab-Hof-Verkauf bescheiden blüht:
Die Produktpalette ist kurz und karg,
davon wird kein Hof gesund und stark.

Es sei die Sache von drei Ministerien
mit umweltgerechten Kriterien
aktiv zu werden, kooperativ und gescheit,
für Leitlinien zur Zukunftssicherheit.

Reformstau

Er ist in den Neunzigerjahren entstanden,
da kam die Kontrolle über Vieles abhanden.
Die Wirtschaftsweisen waren ihr Salär nicht wert,
denn ihre Prognosen waren ziemlich verkehrt.
Vom Blick auf das Wachstum gebannt,
wurden sie von anderen Fakten überrannt.

Oder haben die Wähler schlecht gewählt,
weil man verschiedene Mehrheiten zählt?
Die einen blockieren, die anderen sind stur,
das verleiht beiden eine miese Statur.

Nun wechseln die Aussagen täglich:
Erst ist die überhöhte Steuerquote schädlich,
dann ist das Staatsdefizit zu hoch,
im Hintergrund gähnt das Rentenloch.

Auf echte Reformen warten wir schon lange,
jetzt macht uns eine spontane bange:
Manche Branchen bleiben nur deshalb am Leben,
weil sie Arbeit an Scheinunternehmer vergeben.
Soziale Sicherungen sind nicht vorgesehen,
im Sturm der Realität sie verwehen.

Hier versagen konventionelle Reformen,
die Globalisierung erzwingt härtere Normen!
Das, marktwirtschaftlich konsequent gewollt,
hat den Arbeitsmarkt von unten aufgerollt.

Für die Regierenden wird es höchste Zeit
sich zu erinnern an den geleisteten Eid,
mit dem sie sich dazu verpflichten,
ihr Handeln auf das Gemeinwohl auszurichten.

Das erwartet der geplagte Wähler,
Zank und Taktik sind jetzt dicke Fehler.

Vernetzt

Ein Netz lässt sich vielseitig verwenden,
Vögel oder Fische in ihm verenden
oder es den Fallenden am Leben hält,
wenn er ohne Halt ins Bodenlose fällt.

Ähnliches für alle Vernetzungen gilt.
Sie wirken wie ein schützender Schild
in Familie, Gesellschaft und Industrie
oder in Systemen der Biologie.

Was werden wir vom Internet erhaschen?
Werden wir gefangen in seinen Maschen?
Wir haben Zugang zum Wissen der Welt,
zu dem sich auch viel Plunder gesellt.

Die Kunst, zu finden was wir suchen
im chaotischen Wissenskuchen,
sich auf Suchmaschinen stützt.
Jeder damit eine Chance besitzt.

Wer da nur surft von Link zu Link,
wie zwischen Blüten der Schmetterling,
der ist ein NET-Pauschaltourist,
der viel sieht und viel vergisst.

Liberale Kommunikation ist hoch begehrt,
das NET jede Grenze leicht überquert.
Sogar Arbeit lässt sich in ihm verschieben,
was die Angestellten hier weniger lieben.
Das wird die sozialen Netze belasten
und Errungenes respektlos antasten.

Die Frage, wohin das NET uns bringt
heute noch im Ungewissen versinkt.
Treibt es mit dem Surfen nicht zu weit,
dann bleibt zum eigenen Denken mehr Zeit.
Dieses vernetzt mit seinesgleichen
gibt die Chance Optimales zu erreichen.

Öffentlich-rechtliches Fernsehen

Diese halb staatlichen Fernsehanstalten
haben Probleme mit ihren Haushalten.
Darum machen sie Werbung wie die Privaten
und sind damit auf einen Holzweg geraten.

Sie denken vorwiegend in Quoten,
gerade das gehörte ihnen verboten.
Da die nur hoch sind mit flachem Programm,
stehen sie vor falschen Göttern stramm.

Sie senden zu oft ein fades Allerlei
von dummem Zoff bis seichter Schelmerei.
Man lässt sich auch auf jede Talkshow ein,
denn die Produktion muss billig sein.

Für den Stolz der Länder,
die kultur-stützenden Sender,
zahlt jeder Haushalt dreißig Mark
und kriegt verdünnten Magerquark.

Sie betreiben eine Selbstmordpolitik,
 bleiben auf allen Feldern zurück.
Würden die Privaten sie erdrücken,
entstünden keine großen Lücken.

Sie sind in einer Sackgasse gefangen.
Um wieder ihre Freiheit zu erlangen,
müssen sie sich mit Höherem befassen
und die aktuelle Strategie verlassen.

Zwei Sender mit Niveau wären genug,
der Rest wird privat im selben Atemzug.
Die zwei, versehen mit den alten Pfründen,
könnten dann zu wahrer Kultur zurückfinden.

Natürlich ist das alles Spinnerei und Utopie,
denn die Etablierten akzeptieren das nie.
Der Philosoph jedoch darauf vertraut:
Nichts ist für die Ewigkeit erbaut.

Globalisierung und Geistliches[1]

Sie bringt zu vieles aus dem Gleichgewicht,
sie hilft der Wirtschaft und anderen nicht.
Die Chancengleichheit ist nirgends gewahrt,
auf Menschlichkeit und Recht kaum einer beharrt.

Es fehlt fast jedes ordnende Element,
wie es ein entwickeltes Staatswesen kennt.
Hemmungsloser Wettbewerb regiert,
Politik und Ethik sind paralysiert.

Versuche, die UNO dem anzupassen
wurden bereits am Anfang fallen gelassen.
Die Agenda 21 ist weltweit stecken geblieben,
gewissenlose Spekulation fischt meist im Trüben.

Die Philosophen fühlen sich nicht betroffen,
ist vom Geistlichen mehr zu erhoffen?
Die Religionen, daheim in der Metaphysik,
greifen auf das Göttliche im Menschen zurück.

Der Glauben gibt jedem den Mut,
dass er das nach seiner Kraft tut,
was andere weiter bringt,
und mit Hilfe Gottes gelingt.

Die Religionen suchen Gemeinsamkeiten,
um solches Tun noch weiter auszubreiten.
Nur viele Menschen können viel bewegen,
wie nur viele Tropfen bilden einen Regen.

Dies und anderes benötigt viel Zeit,
doch mit Gottes Hilfe kommen wir weit,
denn wer ungeduldig am Grase zieht,
es auch nicht schneller wachsen sieht. -

Solche Anschauung in allen Ehren,
aber die Menschheit muss sich härter wehren,
denn ein übermächtiges Kapital
gefährdet zunehmend Ethik und Moral.

1) Impressionen von der Tagung *Globalisierung und Spiritualität* in der Evangelischen Akademie in Tutzing 1999

Dessen Macht hat sich vervielfältigt,
und bisher jeden Widerstand überwältigt.
Da hilft kein Jammern oder Zweifeln,
oder die Wirtschaft zu verteufeln.
Geblendet sind die Wirtschaftsweisen,
vom Denken in ausgefahrenen Gleisen.

Der Mensch endlich ins Zentrum gehört,
doch auf diese These kein Mächtiger schwört.

Den Umbruch, in dem wir jetzt stehen,
wird man später als einen Anfang ansehen.
Ob zu neuer Blüte oder zum Untergange,
darüber rätseln wir wohl nicht mehr lange.